Monika Beyersdorf-Morig

# Gott übermittelt 365 Botschaften für eine bessere Welt

**Band 3 von 4**
**Botschaften 201 - 300**

## Impressum

Bibliografische Information der Deutschen Nationalbibliothek:
Die Deutsche Nationalbibliothek verzeichnet diese Publikation in der Deutschen Nationalbibliografie; detaillierte bibliografische Daten sind im Internet über http://dnb.dnb.de abrufbar.

© 2016 Monika Beyersdorf-Morig

Gestaltung: **Gerd Morig, Monika Beyersdorf-Morig, Celle**
Titelfoto: **Thomas Ulbricht, Itzehoe**
Lektorat: **Renate Buttler, Celle**
Tech.Beratung: **Kai Tammen, Celle**

Herstellung und Verlag: BoD – Books on Demand, Norderstedt
ISBN: 978-3-741 237 201

# **Vorwort**

Es ist für mich eine besondere Anerkennung, dieses Vorwort für meine liebe Ehefrau Monika Beyersdorf-Morig zu schreiben. Ich war zusammen mit Frau Brigitte Gailun, der Freundin meiner Frau, am 12.02.2015 dabei, als sie zum ersten Mal Gott gerufen hat, ohne zu wissen ob er sich meldet. Sie sprach mit Gott und erklärte ihm, was sie auf dem Herzen hatte und bat ihn, wenn er da ist und mit ihr schreiben möchte, zu schreiben: „ Ja, ich bin da." Zu unserem großen Erstaunen meldete er sich sofort und schrieb, „Ja ich bin da". Hier ein Auszug von dem ersten Kontakt: *Frage:* Bist du der Aufgabe noch gewachsen? **Gott:** Ich habe Probleme mit den Menschen bekommen. Sie verändern sich sehr, aber nicht in meinem Sinn. Ihr solltet nicht so viel an das Geld denken! *Frage:* An was sollen wir denken? **Gott:** Ihr solltet an die Liebe denken, sie geht verloren unter den Menschen wegen des Geldes! So entstand ein reger Kontakt mit Gott. Viele Diskussionen wurden aufgeschrieben und sollen zu einem späteren Zeitpunkt veröffentlicht werden. Bei einem dieser Kontakte kam die Vorstellung, den Menschen Botschaften von Gott mitzuteilen, in denen er aus heutiger Sicht zu gewissen Themen Stellung nimmt. Immer wieder ist es ein Wunder, wie schnell Gott meine Frau seine Meinung schreiben lässt. Auch hat er mitgeteilt, dass er den Menschen noch viel zu sagen hat und dieses durch meine Ehefrau Monika Beyersdorf-Morig aufschreiben lässt.

Ich wünsche allen Lesern, dass die Botschaften ihnen im Leben, helfen. **Gott ist immer und für ALLE da!**

Gerd Morig

# Geburtstagskarte von Gott
# für Monika Beyersdorf-Morig
# geschrieben mit Gott am 11.07.2015

Was für eine Ehre, dir liebe Monika, heute eine Geburtstagskarte zu schreiben.
Für dich ist es genauso ein Wunder wie für mich. Ich habe dich lange beobachtet und weiß was für ein besonderer Mensch du bist. Darum gratuliere ich, Gott, dem Menschen heute, der es verdient hat mit mir zu schreiben.
Daran kannst du schon erkennen, wie wertvoll du für mich bist. Ich sage als dein Gott: „Danke, dass es dich gibt!"
Leider gibt es von diesen Menschen, wie du einer bist, nicht so viele. Warum, das kann ich dir sagen. Dein Bewusstsein ist sehr vorbildlich und deine Eigenschaften als Mensch sind uneigennützig. Du würdest dein Letztes geben, ohne nachzudenken. Dein Herz ist groß und du möchtest alle Sorgen und Nöte in dein Herz lassen. Du hast es auch immer getan. Leider haben dir viele Menschen einen Streich gespielt. Du bist immer zerbrechlicher dadurch geworden und wusstest keinen Rat mehr. Deine Seele hat ein Leben lang für das Gute gekämpft, trotzdem stehst du nicht auf der Gewinnerliste. Von Kindheit an warst du hin und her gerissen und wusstest manchmal nicht, wie du dich retten solltest.
Aber du warst immer tapfer und hast mit 1000 Ideen dein Leben verschönt. Du hast dir deine Freude gesucht mit Fleiß und Liebe. Selbst deine schwere Krankheit, die dir bald dein Leben gekostet hätte, hast du tapfer und mit viel Liebe und Beten gemeistert. Du hast im Bett gemalt und gedichtet, wo du es wieder konntest. Viele Menschen in Feldberg waren gerührt von deiner Krankheit. Deine Freunde standen zu dir.
Dein Leben lang hast du die Hoffnung gesucht und findest sie auch. Das hast du immer wunderbar gemeistert.

Dein Glaube an mich hat dir deine Wege gezeigt. Du bist sie tapfer gegangen, aber auch mit vielen Tränen.
Du wolltest immer das Beste.
Du hast gekämpft wie eine Unbesiegbare. Trotz Tränen hast du dich nicht besiegen lassen. Du warst immer mutig und hast neue Wege gesucht und mit meiner Hilfe gefunden. Wir haben gemeinsam deinen Weg immer freigeräumt. Dann hast du mit neuem Mut und Tatendrang deine Ziele verfolgt.
Dann hast du unseren Gerd kennengelernt, du weißt, er ist vom Himmel geschickt. Ihr Beide seid genau die Richtigen für das Buch „ 365 Botschaften von Gott".
Ihr habt damit begonnen und führt es mit wahrer Begeisterung zu Ende. Ein Wunder für uns. Danke!
Wir werden dieses Wunder noch zu spüren bekommen.
Ihr wisst, ihr habt euch das verdient. Euer Leben soll ehrenvoll sein und in meinem Sinn. Ich behüte euch bis ans Ende der Zeit. Dir mein liebes Geburtstagskind, wünsche ich einen tollen Tag und viele schöne Stunden. Denke bitte daran, du bist von mir ausgesucht. Du bist fast einmalig und ich habe Achtung vor deinem Leben. Liebe Grüße an Gerdchen.

Dein dich liebender Gott.

**Diese Geburtstagskarte hat mich sehr berührt und die Tränen rollten über mein Gesicht.**
**Gleichzeitig habe ich sehr gestaunt über diesen Inhalt.**
**Monika Beyersdorf-Morig**

# Ich habe das Glück im Herzen

Ich habe das Glück im Herzen denn ich weiß du bist hier.
Alles singt und klingt vor Freude in mir.
Ich setze mich an den Tisch und rufe „Lieber Gott bist du da,
dann schreib bitte: Ja ich bin da"
Und eh ich mich besinne, stehen die Worte auf dem Papier.
Dann sage ich zu Gott „Jetzt schreiben wir
eine Botschaft für die Menschen der Welt."
Und Gott gibt mir 1000 Dinge ein, die ich schreibe für euch.
Er lässt mich verstehen, wir müssen gemeinsam die Wege der Liebe gehen.
Die Wege der Liebe müsst ihr nun lernen.
Denn Bosheit und Hass hat keinen Platz,
wenn ihr gemeinsam, sie nicht in eure Herzen lasst.
Ihr fühlt dann das Glück und den Frieden in euch.
Euer Herz ist erleichtert und ihr wisst genau,
Gott macht uns glücklich wenn wir den Glauben verstehn.
Er wird mit uns über 1000 Brücken des Lebens gehn.
Er zeigt uns den Weg der Geborgenheit
und lehrt uns, geht nicht den Weg zu weit.
Streit und Sorgen könnt ihr begegnen,
sie helfen euch nicht und bringen euch Leid.
Nur, wenn ihr Gott ruft auf all euren Wegen
werdet ihr Ruhe und Frieden erleben.
Wenn ihr das Schicksal möchtet lenken,
dann ist sehr viel zu bedenken.
Das Schicksal steht auf festen Boden und ihr steht mittendrin.
Dreht euch und schaut, überall ist eine Entscheidung aufgebaut.
Sie macht es euch schwer, aber hört auf das Herz.
Nur wenn es singt und klingt, geht ihr dem Glück entgegen.
Bestimmt euren Weg.
Gott und der Glaube ist die größte Macht,
denn sie strahlt Liebe aus und gibt euch Kraft.
Er reicht euch die Hand und liebt euch alle,
denn Liebe wird die Welt verändern.
Und um die Erde wird es klingen.
Der Friede und die Liebe sie liegen sich im Arm
und tanzen um die Erde, uns wird ums Herz ganz warm.
Lieber Gott ich danke dir für deine Mühe mit mir.
Jede Botschaft ist ein Schatz.
Ich weiß du bist da, immer und für jeden Menschen.
DANKE!

Monika Beyersdorf-Morig
Mai 2015

# Einleitung
# für Gott

Lieber Gott,
ich bitte dich um Botschaften für 365 Tage.
Vor jeder Botschaft werde ich mit dir reden und dir meine
Themen übermitteln.
Wir brauchen neue Richtlinien für die Welt
und für die Menschheit.
Wir brauchen bessere Regeln, die viel aussagen
und deutlich sprechen.
Die Menschen sollen sie verstehen und annehmen
und sie sollen um die Welt gehen!
Liebe, gutes Miteinander, Frieden und
Verständnis für alle Generationen der Länder.
Keinen Hass und keine Ungerechtigkeit zwischen
Arm und Reich.
Keiner soll sterben, weil er arm ist.
Keine Macht und Zerstörung über die Weltkultur.
Menschen sollen nicht hungern.
Tiere sollen nicht gequält werden.
Bäume nicht für Profit abgeholzt werden.
Die Natur soll atmen können.
Die Welt soll erblühen in ihrer ganzen Pracht und Farbe.
Keiner hat das Recht etwas zu zerstören.
Unsere Welt gehört allen!
Leid und Schmerz sollen in ihrem ganzen Ausmaß
gelindert werden.


Monika Beyersdorf-Morig

## Einleitung
## von Gott

Ja, ich bin da.

Ich werde mit dir schreiben, denn es ist wichtig den Menschen meine Botschaften zu übermitteln.
Ich habe deine Einleitung gehört.
Sie gefällt mir und wir werden gemeinsam ein Buch schreiben für 365 Tage.
Ich werde versuchen, alles verständlich zu machen.
Die Welt muss sich verändern und dabei kann nicht nur ich helfen, sondern in erster Linie der Mensch.
Er sollte sich ändern und sein Bewusstsein schulen.
Die Zeit war noch nie so reif wie heute.
Ich danke dir für deine Arbeit mit mir.
Sie ist positiv und in meinem Sinn.
Ich verspreche dir, mein Bestes zu geben.
Ich sage Danke!

In Liebe
dein Gott

## 201
## Trauma

**Botschaft von Gott**

Ja, ich bin da.

Jeder Mensch, der mit einem Trauma leben muss,
geht den Weg der Verzweiflung.
Er hat sehr viel Leid hinter sich, welches er nicht verkraftet
hat. Der Körper wollte es nicht annehmen, musste er aber,
und nun rebelliert er. Der Mensch ist krank.
Seine Seele ist ausgebrannt und weiß sich nicht zu helfen.
Da hat er Angst, Magenschmerzen, schreckt auf in der Nacht,
leidet unter Schlaflosigkeit und hat das Gefühl, dass die
Nerven versagen.
Panik bricht aus und alles ist durcheinander geraten.
Ihr Menschen habt etwas Furchtbares erlebt, es lässt euch
nicht mehr zur Ruhe kommen.
Ihr braucht Hilfe, Ruhe und Ausgeglichenheit.
Ruft mich jeden Tag, ich werde helfen - wenn auch nicht
sofort - aber irgendwann.
Ich schicke euch Heilkraft aus dem Universum.
Lest die Bibel und glaubt an mich.
Es wird der Tag kommen, dann seid ihr erlöst und könnt
wieder in Freude leben. Ich helfe gerne, brauche aber meine
Zeit. Ich möchte euch unterstützen, dafür muss ich euch
beobachten und ins Buch des Lebens schauen.
Euer Schicksal braucht eine Änderung, dann ist alles gut.
Betet!

In Liebe
euer Gott

## 202
## Eingebildet

**Botschaft von Gott.**

Ja, ich bin da.

Eine furchtbare Eigenschaft, eingebildet zu sein.
Worauf wollt ihr Menschen euch etwas einbilden?
Alle eure Taten sind nie gut genug und euer Aussehen spielt überhaupt keine Rolle.
Also, was ist da so besonders an euch?
Ich schätze euch, wenn ihr fleißig seid und viele gute Eigenschaften habt.
Aber eingebildet sein, ist eine schlechte Eigenschaft.
Seht euch als ein Geschöpf Gottes und freut euch des Lebens.
Aber setzt euch keine Krone auf und denkt ihr seid die Größten.
Selbst ich, Gott, bilde mir auf nichts etwas ein.
Ich weiß, wie schnell der Stolz in eine tiefe Grube fallen kann. Seid einfach Mensch, liebt nicht nur euch selbst, sondern tragt die Liebe ins Universum.
Betet und behaltet euer Herz und euren Verstand.
Die Liebe ist die größte Macht, sie hilft uns ALLE.
Die Welt ist ein „**Traum von Herrlichkeit**" und ihr seid mittendrin. Sie ist das Größte und kein Eingebildeter reicht bis dort hinauf.
Da kommen nur Menschen hin, die die Liebe suchen und keine Selbstsucht.
Ändert euch!

In Liebe
euer Gott

# 203
# Begehren

**Botschaft von Gott**

Ja, ich bin da.

Etwas begehren, ist eine ganz natürliche menschliche Eigenschaft. Gefühle werden wach und lassen das Herz höher schlagen. Ihr wisst nicht, ob das, was ihr begehrt, euer Glück ist, welches euch anlacht.
Alles ist erst einmal der Anfang und zum Begehren gehört eine riesige Portion Eifer und kluges Handeln.
Der Begehrte weiß, was ihr von ihm wollt und ist erst einmal vorsichtig und beobachtet intensiv.
Es muss alles passen, wie ein Puzzle.
Er möchte nicht überfallen werden, mit 1000 übertriebenen Komplimenten und einer aufgesetzten, unnatürlichen Freundlichkeit.
Die Natürlichkeit ist eine Voraussetzung, von ernsthaftem, ehrlichen Charakter.
Etwas begehren und auch bekommen, kann euch zeigen, dass ihr im Herzen willkommen seid.
Prüft es genau, dann fallt ihr nicht auf einen Betrüger herein.
Ich, euer Gott, bin bei euch.
Die Liebe braucht immer einen Verstand, glaubt mir.
Ich hoffe für euch Menschen!

In Liebe
euer Gott

# 204
# Vorlesen

**Botschaft von Gott**

Ja, ich bin da.

Wer von euch kennt das nicht.
Es wird etwas vorgelesen und ihr hört andächtig zu.
Da ist zum Beispiel die Mutter, sie liest ihrem Kind ein Märchen vor. Es ist traumhaft schön anzuhören und die bildhafte Fantasie wird gleichzeitig angeregt.
Für ein Kind ist das sehr lehrreich und es unterscheidet durch die Märchenfiguren Gut und Böse.
Wenn das Kind selber lesen kann, sind Bücher immer ein besonderes Geschenk. Sie fördern das Denken und machen klug. So wertvoll sind die Bücher.
Die Kinderbibel ist immer sehr schön aufgebaut mit vielen Bildern. Sie sollte in jedem Kinderzimmer stehen.
Ihr Erwachsenen nehmt auch bitte die Bibel oft zur Hand.
In einer guten Runde könnt ihr daraus vorlesen und hinterher darüber sprechen.
So wird das Buch lebendig und bringt einen großen Nutzen mit sich. Vorlesen ist also immer von Wert.
Ich freue mich, wenn ihr euch Mühe gebt und viel vorlest.
Ihr tretet in eine andere Welt und könnt träumen.
Ich bin euch ganz nah!

In Liebe
euer Gott

# 205
# Diskutieren

**Botschaft von Gott**

Ja, ich bin da.

Wenn es irgendwo heiß hergeht, dann ist es beim Diskutieren.
Jeder von euch Menschen hat eine Meinung und möchte sie vertreten.
Da geraten die Köpfe schon mal in heiße Debatten.
Jeder denkt, er hat recht.
Es sollte aber auch bei einer Diskussion etwas dabei herauskommen. Das heißt, irgendwo müsst ihr auf einen Nenner kommen, denn wenn alles umsonst gewesen sein soll, war die Diskussion nicht produktiv genug.
Oder besser gesagt, was habt ihr daraus gelernt?
Ihr lieben Menschen, es ist nicht einfach wenn verschiedene Meinungen aufeinander prallen, aber es hilft euch, die Meinungen zu durchdenken.
Irgendwo findet sich der Weg der Wahrheit und Verlässlichkeit.
Die Erde, sie bleibt nicht stehen, und ihr müsst euch weiterentwickeln. Was heute wahr ist, ist morgen schon wieder unwahr. Die Triebkräfte bringen euch auf den richtigen Weg.
Dazu gehört nun einmal eine Diskussion.
Bleibt fair und ruhig.
Ich bin bei euch!

In Liebe
euer Gott

# 206
# Plaudern

**Botschaft von Gott**

Ja, ich bin da.

Einfach plaudern, aus Lust und Laune, ist eine gesellige und freudige Angelegenheit.
Jeder hat etwas Besonderes zu berichten und alle hören interessiert zu.
Es werden auch Erinnerungen wach, an frühere gemeinsame Unternehmungen, Feiern, usw.
Im Plaudern steckt viel Spaß und Energie.
Es fällt kein böses Wort und die Stimmung ist freundschaftlich und vertraut.
Liebe Menschen, schafft euch so oft es geht solche Stunden.
Sie tun euch gut und helfen euch, den Alltag ein wenig abzuschütteln.
Eure Seele erblüht bei guten Freunden und guten Gesprächen.
Ihr verbreitet eine sehr gut Energie im Universum.
Danke!

In Liebe
euer Gott

## 207
## Trotzig

**Botschaft von Gott**

Ja, ich bin da.

Eigentlich können nur Kinder trotzig sein.
Sie müssen noch viel lernen, denn mit einem Trotzkopf kommt kein Mensch klar.
Sie versuchen, jeden Willen zu bekommen und das mit aller Kraft und Gewalt.
Sie wollen im wahrsten Sinne des Wortes mit dem Kopf durch die Wand.
Eltern haben es mit diesen Kindern schwer.
Viel Geduld ist gefragt.
Gute Eltern schaffen alles mit Gespräche und Liebe.
Ich bin bei euch!

In Liebe
euer Gott

# 208
# Bedrohung

**Botschaft von Gott**

Ja, ich bin da.

Eine Bedrohung ist immer eine ernstzunehmende Angelegenheit. Das heißt, ihr müsst aufpassen, dass euch nichts passiert. Ein Ehemann kann seine geschiedene Frau bedrohen, mit: „Ich bringe dich um!"
Leider blieb es schon oft nicht dabei, sondern es wurde diese Tat ausgeführt. Mehr noch, die Kinder wurden gleich mit getötet. Was für Väter!
In der letzten Instanz haben sie sich dann selbst getötet.
Das sind auf der Welt keine Einzelfälle.
Ich rate euch Menschen und Behörden, nehmt die Bedrohung ernst. Sie ist immer ein Warnsignal.
Liebe Väter, ich möchte euch hier ganz persönlich ansprechen. Ich, euer Gott, sage euch: „ Die Liebe muss größer sein als der Hass und die Eifersucht".
Ihr solltet klug sein und nicht ohne Gewissen handeln.
Ich warne euch! Euer Leben soll weitergehen, wie auch das Leben eurer Kinder und Mütter der Kinder.
Beherrscht euch. Immer und zu allen Zeiten bleibt die Liebe die größte Kraft!
Betet und glaubt an mich. Ich bin da!

In Liebe
euer Gott

## 209
## Autorität

**Botschaft von Gott**

Ja, ich bin da.

Liebe Menschen, wer denkt, er kommt mit Autorität weiter, der wird es schon merken.
Andere Menschen haben auch Autorität und lassen sich nichts gefallen. So passiert es dann, dass einer der Verlierer und der andere der Gewinner ist.
Dumme Autorität ist immer abstoßend und wird in keinem Fall akzeptiert.
Kluge Worte, denen nicht zu widersprechen ist, werden immer angenommen und verhelfen in jedem Fall zu einer positiven Wirkung. Darum liebe Menschen, passt auf was ihr sagt und wie ihr es sagt. Es gibt immer ein oder mehrere Gegenüber, der oder die kritisch an die Worte und die Art und Weise herangehen. Das ist sehr gut so und lässt die dumme Autorität nicht wachsen.
Irgendwann haben solche Menschen immer verloren.
Passt auf, dass ihr so nicht werdet.
Ihr seid auf der Erde, um euch gegenseitig zu helfen und nicht, um euch gegenseitig, kleinzureden.
Es ergibt keinen Sinn!
Seid einfach Menschen, die klug und besonnen handeln!

In Liebe
euer Gott

## 210
## Ausbeutung

**Botschaft von Gott**

Ja, ich bin da.

Die Welt wird eines Tages frei von Ausbeutung
und Unterdrückung sein.
Es wird noch lange dauern, aber der Weg führt zum Ziel.
Ihr dürft das Ziel bloß nicht aus den Augen verlieren,
denn dann kommt ihr nicht weiter.
Ich bin immer da und helfe euch, wenn ich sehe, dass ihr
einen Willen zeigt und kämpft für eine gute Sache.
Ein Schritt ist immer der erste und viele Schritte folgen.
So ist es gut.
Ich werde ein Gott für euch sein, den ihr stärker gemacht habt,
weil ihr positiv gehandelt habt, für die Liebe aller Menschen
auf der Welt.
Zum Glück werdet ihr Menschen immer klüger und ihr merkt,
dass das Gute siegt. Damit schult ihr euren Verstand,
und so wird das Glück und der Erfolg eine Zuversicht der
Freiheit, in der es keine Ausbeutung mehr gibt.
Wir kämpfen gemeinsam.
Nur gemeinsam sind wir stark!
Danke!

In Liebe
euer Gott

## 211
## Verteidigung

**Botschaft von Gott**

Ja, ich bin da.

Ihr Menschen müsst euch verteidigen, oder ihr werdet verteidigt.
Vielleicht, werdet ihr für etwas beschuldigt, was ihr gar nicht getan habt. Das kann mitunter ein langer Weg werden.
Es kommt immer auch auf die Beweise an.
Wer seine Unschuld gut beweisen kann, wird es leicht haben, aus der Sache wieder rauszukommen.
Oftmals ist es aber nicht einfach, einen Beweis zu erbringen.
Dann wird es schwierig.
In diesem Fall kostet euch die Verteidigung viel Kraft und Energie. Der Kampf kann hart werden und euch viele Nerven rauben. Liebe Menschen, passt auf euch auf.
Überall lauern Gefahren und leider gibt es Menschen, die den anderen etwas anhängen wollen, was nicht der Wahrheit entspricht.
Eine böse Sache.
Viele Menschen haben schon jahrelang unschuldig im Gefängnis gesessen.
Die Beweislage sprach gegen sie.
Furchtbar gemein und grausam.
Da hat das Schicksal auch mitgespielt. Es sollte so sein.
Betet viel und ruft mich!

In Liebe
euer Gott

## 212
## Erpressung

**Botschaft von Gott**

Ja, ich bin da.

Passt auf euch auf liebe Menschen, lasst euch bloß nicht
erpressen. Da werdet ihr unterlegen sein und kommt nicht
mehr weiter. Schlimmer noch, ihr könnt immer wieder
erpresst werden.
Das geht leider schon im Kindesalter los.
Nur, wer etwas erreicht, wird nicht aufhören.
Wenn es erst einmal im Kopf verankert ist, was man alles
erreichen kann, findet ihr Menschen keine Achtung mehr
und denkt, es geht ein Leben lang so weiter.
Wo ist eigentlich eure Achtung vor euch selbst geblieben?
Es wird der Tag kommen, das verspreche ich euch, an dem
ihr stehen bleibt und nicht mehr weiter erpresst.
Ich möchte gerne, dass ihr damit aufhört.
Ihr schadet eurer Seele nur.
Es kann zum Verbrechen ausarten und ihr wisst nicht, was ihr
getan habt. Ich, Gott, weiß was ihr getan habt.
Euer Leben muss sich ändern und das schnellstens.
Meine Freude wäre groß.
Wer sich verbessert, wird mir nah sein und helfen,
die Welt zu verwandeln. Das Böse muss unbedingt fort.
Helft, ich glaube an euch!

In Liebe
euer Gott

## 213
## Schlaf

**<u>Botschaft von Gott</u>**

Ja, ich bin da.

Für euch Menschen ist der Schlaf eine Notwendigkeit.
Ja, es ist ein Grundbedürfnis wie Essen und Trinken.
Nehmt ihn sehr wichtig und vor allen Dingen, regelmäßiges Schlafen ist sehr gesund.
Euer Körper kennt euch und stellt sich auf den Schlaf ein.
Wer nach Lust und Laune schlafen geht, bringt seinen Körper durcheinander.
Ihr schlaft dann unruhiger und euer Schlaf ist nicht so erholsam.
Liebe Menschen, ich bitte euch, nehmt euer Leben sehr wichtig, sucht nicht das Geld, sondern die Gesundheit.
Denn eines Tages kann euch die Gesundheit viel Geld kosten.
Klug handeln, beten und an mich glauben hilft euch!

In Liebe
euer Gott

## 214
## Arbeiten

**<u>Botschaft von Gott</u>**

Ja, ich bin da.

Nur wer sagt: „ Ich arbeite gerne", ist mir sehr nahe.
Solche Menschen braucht die Welt.
Wer aber faul in der Ecke sitzt und vor Trägheit zu nichts zu
gebrauchen ist, ist im Leben ein Taugenichts.
Lasst es nie zu, dass ihr so werdet.
Habt ein gutes Bewusstsein und arbeitet täglich für das Gute.
Euer Erfolg wird euch recht geben.
Ich gebe euch auch recht. Ihre seid meine rechte Hand,
denn ihr wisst, wofür ihr da seid.
Ich bin stolz auf euch!

In Liebe
euer Gott

## 215
## Verdienst

**Botschaft von Gott**

Ja, ich bin da.

Einen Verdienst zu bekommen,
dafür braucht ihr Menschen eine Arbeit.
Das heißt, ihr werdet für eine getane Arbeit belohnt.
Viele Menschen auf der Welt haben leider keine Arbeit
und werden nicht belohnt.
Sie sind verzweifelt und wissen nicht, wie sie ihre Familie
ernähren sollen. Sehr viele Menschen leben dann auf der
Straße, unter den Brücken oder im Wald.
Sie liegen in Zelten oder haben nicht mal diese.
Es ist ein Jammer. Zum Glück gibt es Essenstafeln,
aber auch nicht in jeder Stadt auf der Welt.
Passt auf, dass euch der Verdienst immer erhalten bleibt.
Wer durch einen Unfall keine Arbeit mehr hat, ist arm dran.
Die gesamte Existenz ist bedroht. Der amerikanische
Schriftsteller NEALE DONALD WALSCH hatte eine gute
Arbeit und wurde durch einen Unfall in eine schwere Krise
gerissen. Er musste arm und hoffnungslos im Zelt leben.
Er schrieb mit mir und schimpfte mich aus, warum es ihm so
schlecht ginge. Ich sollte das beantworten und ihm helfen.
Ich tat es und so entstand das Buch
„GESPRÄCHE MIT GOTT" Ein großer Erfolg.
Wir haben es auch gemeinsam geschrieben,
ich bin stolz darauf.
Ruft mich und ich helfe, wenn ich möchte!

In Liebe
euer Gott

## 216
## Krankenhaus

**Botschaft von Gott**

Ja, ich bin da.

Wenn ihr Menschen in ein Krankenhaus müsst, dann ist es auch bestimmt sehr ernsthaft.
Eine Operation steht bevor, die euer Leben retten kann.
Viel Leid liegt in den Krankenhäusern, aber es wurde auch schon viel Leid zur Freude umgewandelt.
Ich sage euch nur, wenn ihr einmal unzufrieden seid, dann geht durch ein Krankenhaus.
Wenn ihr das Elend gesehen habt, seid ihr mit euch wieder zufrieden. Ihr wisst auf einmal wieder, dass das Leben das Wertvollste ist, was ihr besitzt.
Haltet euch das immer vor Augen, dann schaltet der Verstand von dumm auf klug.
In den Krankenhäusern spielt sich viel ab.
Das Schlimmste sind die Bakterien.
Sie sind eure unsichtbaren Feinde.
Die Wissenschaft arbeitet daran, sie zu bekämpfen.
Glaubt an das Gute. Vieles wurde schon erreicht.
Ich, Gott, bin auch noch da und unterstütze die Wissenschaft!
Aber nur für die guten Zwecke.
Eine Heilung von mir könnt ihr auch noch erwarten.
Ich habe schon vielen Menschen geholfen.
Es gibt genug Menschen, die das auch wissen.
Betet zu mir, wenn ihr nicht weiter wisst. Ich liebe euch!

In Liebe
euer Gott

# 217
# Modenschau

**Botschaft von Gott**

Ja, ich bin da.

Eine Modenschau ist immer interessant und zeigt euch viel Mode, die gerade im Trend liegt.
Nette Frauen und Männer, auch Kinder, gehen auf den Laufsteg und präsentieren die Kleidungsstücke.
Es ist eine Abwechselung für euch Menschen und ihr erfreut euch daran. Leider gibt es auch Modenschauen, die mir, als euer Gott, nicht so recht gefallen wollen.
Abgemagerte Mädels, mit blassen, traurigen oder verbissenen Gesichtern.
Was soll so eine Modenschau?
Sie lässt den Körper erschauern, für den Menschen, der dafür kein Verständnis hat.
Ich habe dafür auch kein Verständnis.
Versteinerte, steife Frauen, gehen auf dem Laufsteg.
Kein Lächeln ist zu sehen.
Ich sage euch das ganz hart und ernst:
„Solche Frauen hole ich zu mir ins Paradies.
Sie haben es bei mir besser.
Ich kann es nämlich nicht sehen. Sie müssen erlöst werden."
Ich, euer Gott, bin da und sehe euch!

In Liebe
euer Gott

## 218
## Besinnung

**Botschaft von Gott**

Ja, ich bin da.

Besinnen, heißt so viel, wie nachdenken über eine Sache und sie in Ordnung bringen.
Eines steht fest, wenn ihr Menschen euch öfter besinnen würdet, dann gäbe es weniger Unordnung und Ärger um euch herum. Aber leider müssen viele Menschen erst zur Ruhe kommen und Zeit haben zum Sortieren ihrer Gedanken.
Irgendwo habt ihr etwas gutzumachen.
Darauf müsst ihr euch erst besinnen, denn leider wurde es so verdrängt, dass es schon aus eurem Kopf heraus war.
Ihr sagt euch, jetzt werde ich eine gute Bekannte anrufen und mich dafür entschuldigen, dass ich mich so lange habe nicht hören lassen. Oder aber ihr besinnt euch, auf euch selbst.
Ihr macht euch einfach eine schöne Stunde bei Musik und Kerzenschein und lasst eure Gedanken positiv verlaufen.
Sich besinnen, tut sehr gut und ihr werdet merken, dass alles für euch wieder in Ordnung ist.
Darum liebe Menschen, nehmt euch manchmal Zeit zur Besinnung.
Sie hilft immer weiter und wartet nicht, dass es höchste Zeit wird!

In Liebe
euer Gott

## 219
## Langeweile

**Botschaft von Gott**

Ja, ich bin da.

Wer Langeweile hat und nichts unternimmt, ist selber schuld.
Werft die Langeweile fort und überlegt euch eine sinnvolle
Beschäftigung. Wenn ihr keine findet, muss ich, Gott, euch
ermahnen und sagen: „Ihr seid ja die Langeweile in Person,
strengt euch an für euer Leben, es gibt viel zu erreichen!"
Mit Ideenlosigkeit, steigt ihr keine Treppe zum Erfolg hoch.
Einfälle, sind immer an der Tagesordnung eines Menschen,
der seinen Kopf anstrengt und etwas erreichen möchte.
Erhebt euch und geht in die Natur, das ist schon mal ein guter
1. Schritt. Dort, an der frischen Luft, kommen tolle Ideen in
euren Kopf. Ihr werdet staunen über euch.
Legt los, fangt gleich morgen an.
Das Leben ist ja so vielfältig.
Eure Entwicklung darf nicht stehen bleiben.
Ich, euer Gott, unterstütze jeden Menschen, der mit mir
spricht
und betet. Die Zeit eilt, sie wartet auf eine Erfüllung und ein
Ziel. Lasst sie nicht verstreichen, sie kommt nicht wieder!

In Liebe
euer Gott

# 220
# Urlaub

**Botschaft von Gott**

Ja, ich bin da.

Einfach mal entspannen, aus dem täglichen Trott raus
und sagen: „ Ich habe diesen Urlaub jetzt verdient und werde ihn genießen".
Jeder von euch Menschen nimmt sich ein anderes Urlaubsziel vor. Vielleicht geht es in die Berge, ans Wasser oder sogar in die Wüste.
Eine neue Stadt auf der Welt kennenlernen, die ihr nur von Bildern kennt, hat auch seinen Reiz.
Es gibt überall viele Sehenswürdigkeiten.
Ihr erlebt die verschiedenen Kulturen, in ihrer ganzen Schönheit und Farbenpracht.
Viele gastfreundliche Menschen werdet ihr treffen.
Die Liebe zu anderen Völkern entwickelt sich dadurch.
Einfach sehr wichtig. Ich kann das nur unterstützen.
Denkt daran, ich bin auch da!

In Liebe
euer Gott

## 221
## Segen

**Botschaft von Gott**

Ja, ich bin da.

Einen Segen aussprechen, heißt einen Wunsch für euch aussprechen.
Ihr segnet ein neugeborenes Kind mit guten Eigenschaften für´s Leben.
Ein verstorbener wird gesegnet:
„Im Namen des Vaters, des Sohnes und des Heiligen Geistes".
Er wird auch für seinen neuen Weg ins Paradies vorbereitet.
Ihr könnt einen kranken Menschen segnen und ihm Gesundheit wünschen.
Ich höre euch und bin bei euch!

In Liebe
euer Gott

## 222
## Vorbild

**Botschaft von Gott**

Ja, ich bin da.

Ein jeder Mensch von euch kann ein gutes Vorbild sein.
Er muss die Eigenschaften besitzen, die ich, Gott, lobe und achte. Alle 10 Gebote einhalten und danach leben, ist das beste Vorbild überhaupt.
Viele junge Menschen möchten so leben wie es ihnen gefällt.
Aber ohne Achtung läuft der gute Weg daneben.
Ein Leben sollte aber so gelebt werden, dass ihr im Alter sagen könnt: „Ich habe im Namen Gottes gelebt und bin damit glücklich geworden. Ich werde im Namen Gottes sterben und werde neu geboren.
Er ist mein Vorbild gewesen und hat meinen Weg begleitet.
Mein Leben liegt in seinen Händen".
Solche Menschen verbessern die Welt und stärken auch das Bewusstsein eines anderen Menschen.
Etwas Gutes weitergeben, kann direkt oder indirekt, ankommen. Wer mir nahe steht, ist mit mir verbunden.
Ich habe zu solchen Menschen einen besonderen Draht.
Ihr helft die Welt zu verbessern!
Danke!

In Liebe
euer Gott

# 223
# Freundlichkeit

**Botschaft von Gott**

Ja, ich bin da.

Freundlichkeit kommt immer gut an.
Wenn ihr in ein freundliches Gesicht schaut,
fühlt ihr Menschen euch immer gut.
Die Ausstrahlung steckt an und ihr reagiert auch freundlich.
Das gefällt euch und ihr mögt diesen Menschen.
Alles ist gut, weil wir wissen, dass die Aura eines anderen
Menschen uns ins Positive oder Negative reißen kann.
Aber trotzdem, schult eure Augen und euren Verstand.
Es gibt leider raffinierte, freundliche Menschen, die viel
bezwecken können. Fallt nicht darauf rein.
Der Nachgeschmack könnte bitter sein.
Vorsicht ist das oberste Gebot und das zählt immer.
Ja liebe Menschen, so ist das mit der Freundlichkeit.
Jedes Blatt hat zwei Seiten.
Versucht bitte immer, eine freundliche Ausstrahlung zu haben.
Ihr werdet es merken - **was ihr gebt, bekommt ihr zurück** -.
Lasst euer Herz mitstrahlen.
Es ist die Sonne für andere Menschen, sie gibt Wärme ab.
Ich freue mich!

In Liebe
euer Gott

## 224
## Benehmen

**<u>Botschaft von Gott</u>**

Ja, ich bin da.

Euer Benehmen zeigt mir, was ihr für ein Bewusstsein habt und wie ihr mit euren Mitmenschen umgeht.
Ich weiß es genau, mit eurem Benehmen werdet ihr Glück oder Pech ernten. Seid euch sicher, wenn ihr in jungen Jahren keine Schuld spürt, so kommt sie im Alter und dann lässt sie euch nicht mehr los. Das Gewissen frisst in euch und lässt euch nicht zur Ruhe kommen.
Ich, Gott, möchte nur ein Beispiel nennen.
Kümmert euch um eure Eltern!
Egal ob sie gesund, krank, jung oder alt sind und lasst sie nicht jahrelang auf euch warten Es ist euch egal, ob sie sterben oder nicht, auch wenn ihr euer eigenes Leben habt.
Dieses grausame Benehmen müsst ihr eines Tages, wenn ihr selber alt seid, mit dem schlechten Gewissen bezahlen.
Es nagt an euch, denn es geht nicht mehr gutzumachen.
Ihr verurteilt euch selber und lauft mit versteinerten Miene herum. Ihr seid mit euch selbst unzufrieden.
Ihr bekommt das, was ihr gesät habt.
Ich, Gott, sage euch: „Wer Liebe gibt, wird Liebe ernten".
Wenn ihr sie jetzt auch nicht braucht, irgendwann bekommt ihr sie nicht mehr.
Alles ist zu spät!

In Liebe
euer Gott

# 225
# Zorn

**Botschaft von Gott**

Ja, ich bin da.

Wer von euch hat die Zornesfalten im Gesicht und schaut auch noch grausam in die Welt.
Ich sage es euch. Das ist ein böser Mensch.
Er spricht auch nicht wie ein gesunder, aufgeschlossener Mann. Am liebsten würde er nicht reden, nur wenn er zornig ist, hört er nicht auf.
Seine Blicke sind böse und strahlen keine Liebe aus.
Das Herz der Liebe ist kalt.
Nehmt euch in Acht, vor dem Zorn. Alles, was er in die Hände bekommt, wirft er auf den Boden oder sogar aus dem Fenster.
Ihr Menschen bekommt es mit der Angst zu tun.
Keiner kann ihn bändigen und es ist besser, dass Weite zu suchen, bevor ihr auch noch etwas abbekommt und seine Zielscheibe werdet.
In einer ruhigen Stunde versucht bitte zu helfen.
Sagt ihm, er möchte jeden Morgen den Spruch aufsagen:
„Gott beschütze mich vor bösen Mächten, sie sollen mich nicht erreichen".
Er muss seine negativen Energien abbauen, damit der Zorn verschwindet.
Bitte jeden Tag sprechen und versuchen, positiv zu denken!
Ich bin da und helfe!

In Liebe
euer Gott

## Gedichte

**Botschaft von Gott**

Ja, ich bin da.

Ein Mensch, der Gedichte schreibt, hat eine poetische Ader.
Sie ist ihm in die Wiege gelegt.
Kleine Kinder zeigen schon ihre Kunststücke und dichten ein Lied, welches sie dann selber singen.
Daran erkennt ihr schon die poetische Ader.
Um so älter ihr werdet, um so mehr Eindrücke habt ihr gesammelt und könnt somit die schönsten Gedichte schreiben.
Sei es über die Natur, die Liebe, die Trauer oder die Freude.
Gefühle werden wach und verpflanzen sich in die Gedichte.
Die Romantik ist zu Hause angekommen und verleiht jedem Gedicht ein Hauch von Farben und Träume.
Ihr Menschen habt eine tolle Gabe in euch und erfreut eure Mitmenschen.
Eure Gedichte werden immer lebendig bleiben.
Lasst sie leben, indem ihr sie immer wieder von Zeit zu Zeit lest oder vortragt.
Erinnerungen werden wach und bringen euch einen Hauch Vergangenheit mit. Einfach wunderschön.
Ich freue mich für euch und liebe euch dafür.
Eine gute Sache, die ihr achtet und meistert!

In Liebe
euer Gott

## 227
## Boshaft

**Botschaft von Gott**

Ja, ich bin da.

Wieder habe ich hier so einen Menschen, den ich gerne anders hätte.
Wer nämlich boshaft ist, hat sehr viel negative Energie
in seinem Umfeld.
Er überträgt sie auf andere Menschen und ins Universum.
Er richtet Unheil an.
Solche boshaften Menschen haben oft noch ihre Freude
daran, anderen wehzutun.
Einen Menschen vor anderen Menschen bloßstellen,
ist auch boshaft.
Sie machen es ganz bewusst oder haben kein Bewusstsein und
Gefühl für den anderen.
Es gibt einen Spruch:
„Was du nicht willst das man dir tu´
das füg´ auch keinem anderen zu!"
Denkt immer daran, denn dann handelt ihr nie boshaft.
Danke!

In Liebe
euer Gott

## 228
## Märchenbuch

**Botschaft von Gott**

Ja, ich bin da.

Das Märchenbuch ist eines der schönsten Kinderbücher überhaupt.
Die Geschichten lassen Märchenfiguren lebendig werden wie Hexe, Zauberer, Feen, Kobolde, Räuber, Zwerge und gute und böse Menschen.
In einem Märchen wird das Gute immer siegen.
Für das Kind, welches es hört, ist es eine Freude.
Die Märchenfiguren bleiben bis ins hohe Alter lebendig.
So viel Begeisterung haben sie ausgelöst.
Ich, euer Gott, liebe es wenn Kinder rechtzeitig Gut und Böse unterscheiden können!

In Liebe
euer Gott

# 229
# Sehnsucht

**Botschaft von Gott**

Ja, ich bin da.

Sehnsucht haben nach einem Menschen, nach der Heimat oder nach Liebe.
Ihr sehnt euch nach einem Herz, dass wie eures schlägt.
Die Sehnsucht nach einer langen Trennung oder nach einem geliebten Menschen, der von euch gegangen ist.
Sehnsucht ist tief wie das Meer und geht tief ins Herz hinein.
Viele Menschen haben nach etwas Sehnsucht, aber die Erfüllung kommt oft einem Märchen gleich.
Wenn ihr wisst, dass dieses Märchen nie so ausgeht, wie ihr es euch vorstellt, dann lasst los.
Die Sterne sind auch unerreichbar.
Lebt in der schönsten Erinnerung und sagt euch: „ Eines Tages sehen wir uns wieder".
Wer Sehnsucht nach der großen Liebe hat, wird sie bekommen, wenn er bereit ist, Liebe zu geben.
Wer nur nehmen will, wird immer Sehnsucht haben.
Es gibt keine Erfüllung.
Liebe sitzt tief im Herzen, sie ist nie oberflächlich.
Denkt klug und lasst die Liebe sprechen.
Sie hat schon manche Sehnsucht gestillt!

In Liebe
euer Gott

# 230
# Bewusstsein

**Botschaft von Gott**

Ja, ich bin da.

Wer ohne ein Bewusstsein lebt, muss noch viel lernen oder er läuft gegen Wände. Das kann sehr weh tun.
Ein gutes Bewusstsein hilft euch, euer Leben zu meistern und mir sehr nah zu sein.
Ihr habt einen guten Draht zu mir und darum kann ich euch sehr gut begleiten.
Je höher euer Bewusstsein ist, um so größer ist meine Liebe zu euch. Ihr steht mir sehr nah und verbreitet meinen Ruf und meine Wünsche über die Erde.
Ich bin sehr dankbar darüber.
Solche Menschen braucht die Welt, damit diese und ich, euer Gott, nicht verloren gehen.
Wenn keiner mehr an mich glaubt, ist ALLES zu Ende.
Ich bitte euch, gebt mich nicht auf.
Sorgt mit für Ordnung und Liebe auf der Welt.
Das Bewusstsein sollte von klein auf gelehrt werden.
Zeigt Achtung vor dem Leben, der Welt und mich.
Es wird alles gut wenn ihr nie aufgebt, mich zu lieben.
Danke!

In Liebe
euer Gott

## 231
## Kinderbetreuung

**Botschaft von Gott**

Ja, ich bin da.

Wer mit viel Liebe bei der Sache ist, hat auch viel Spaß und Freude an der Kinderbetreuung.
Sie ist eine verantwortungsvolle und abwechslungsreiche Aufgabe.
Kinder können sehr dankbar und anhänglich sein.
Wenn sie jeden Tag stundenweise von ihren Eltern getrennt sind, dann kann in der ersten Zeit schon mal Heimweh aufkommen. Bei einer guten Betreuung ist alles bald vergessen. Jeder hat einen Freund oder eine Freundin gefunden.
In der Gemeinsamkeit habt ihr Kinder einen größeren Ansporn zum Sport und Spiel.
Ihr lernt zu teilen und könnt euch auch vergleichen.
Leider kann schon ein kleines Kind von fünf Jahren neidisch werden. Das ist nun mal so.
Andere Kinder sind wieder sehr gutmütig und geben ihr Letztes. Die Erzieherinnen sollten gut lenken können und erzieherisch einwirken auf das Kind.
Die ersten Erfolge oder Misserfolge prägen ein Kind sehr stark. Ich, euer Gott, möchte, dass das Kind schon im frühen Kindesalter das Beten lernt.
Es hilft dem Kind!

In Liebe
euer Gott

# 232
# Seelsorge

**Botschaft von Gott**

Ja, ich bin da.

Liebe Menschen auf Erden, haltet zusammen, besonders in der Not.
Jeder von euch kann mal vor einem tiefen Abgrund stehen.
Er möchte springen oder weitergehen. Er weiß es nicht.
Er ist durcheinander und sieht keinen Sinn mehr im Leben.
Er zweifelt an mich und hat auf einmal den Glauben verloren.
Dieser Mensch braucht ganz nötig Hilfe.
Sein Kind ist gestorben. Es hatte das Leben noch vor sich.
Wie ist das zu begreifen für euch. Da kann nur ein Seelsorger helfen. Er begleitet euch durch die Trauer und lenkt aus der Hoffnungslosigkeit in die Hoffnung.
Eure Gedanken müssen einen anderen Weg gehen.
Der Punkt, der euch versteinern lässt, muss aufgelöst werden.
Der Seelsorger versteht euch natürlich, aber er steht nur neben euch, darum hat er die Kraft, die er an euch weitergeben kann.
Er hilft euch, eure Stärke wiederzufinden.
Der Glaube ist die größte Kraft.
Er lässt auf ein Wiedersehen hoffen.
Alles wird anders, aber verständlich werden.
Euer Schicksal ist hart, aber es hatte seinen Sinn.
Lernt damit umzugehen!

In Liebe
euer Gott

## 233
## Lieblich

**Botschaft von Gott**

Ja, ich bin da.

Das Wort „lieblich" sagt uns schon, hier ist etwas Schönes zu finden. An etwas Liebliches haben wir nichts auszusetzen, es gefällt uns und macht uns zufrieden und glücklich.
Auf der Welt gibt es für euch Menschen sehr viel wunderbar Liebliches. Sei es, dass es die Blumen in ihrem berauschenden Duft und ihren Farben sind, oder der Vogelgesang, der immer wieder in uns Harmonie aufkommen lässt.
Eine beruhigende Musik, die einen lieblichen Klang hat, verzaubert eure Seele, bis zu den Sternen.
Selbst ihr Menschen könnt lieblich sein.
Wer zärtlich und besonnen mit seinem Partner umgeht,
hat etwas Liebes an sich. Ihr könnt es auch lieblich nennen.
Die Babys im Kinderwagen lächeln euch lieblich an.
Ja, so ist das, sucht euch immer etwas Gutes für die Seele.
Sie dankt es euch. Ihr findet sehr viel Liebliches und sagt:
„Die Welt ist Liebe, Gott ist Liebe und
das ganze Universum ist Liebe".
Bewahrt euch diese Lieblichkeit!

In Liebe
euer Gott

## 234
## Verständnisvoll

**Botschaft von Gott**

Ja, ich bin da.

Ihr Menschen braucht im Leben sehr viel Verständnis,
weil ihr sonst keine Lage und keinen Sachverhalt versteht.
Ihr möchtet einen Überblick haben.
Es ist nämlich nur das zu verstehen, was ihr auch begriffen habt.
Anders geht es gar nicht.
In der heutigen Zeit fehlt oft die verständnisvolle Einigung
unter euch Menschen.
Es ist schwer, Ruhe auf der Welt zu bekommen.
Wer soll das verstehen?
Einer möchte hü, der andere möchte hott.
So kommt kein Verständnis zustande.
Bemüht euch auch mal, mit den Augen eines anderen zu
schauen.
Es hilft euch!

In Liebe
euer Gott

## 235
# Ungehorsam

**Botschaft von Gott**

Ja, ich bin da.

Ungehorsame Menschen wollen auf nichts hören
und geraten dadurch schneller ins Unglück.
Sie haben es schwer, irgendetwas anzunehmen
oder anzuerkennen. Wie heißt es doch so schön?
„Wer nicht hören will, muss fühlen!"
Das Gegenteil ist immer genau das Richtige für sie.
Leider haben sie auch noch ihre Freude daran.
Das Leben hat aber auch noch etwas zu sagen und es sagt
eines Tages: „Stopp, hier geht es nicht weiter,
der Weg ist zu Ende."
Der Ungehorsame hat plötzlich sein Ziel verloren.
Er läuft mit dem Kopf gegen die Wand und das tut sehr weh.
Ich, euer Gott, sage, passt auf euch auf, Ungehorsamkeit kann
sehr weh tun!

In Liebe
euer Gott

## 236
## Gutgläubig

**Botschaft von Gott**

Ja, ich bin da.

Gutgläubige Menschen laufen sehr oft Gefahr,
allem und jedem zu vertrauen.
Meistens sind es selbst gute Menschen, die ehrlich und vertrauenswürdig sind. Sie glauben an das Gute und denken in keinem Fall raffiniert. So weit und so schlecht können sie nicht denken. Diese Menschen tun keinem etwas Böses an.
Aber ich, euer Gott, sage es euch, passt auf euch auf.
Wenn ein raffinierter Mensch erst einmal rausbekommen hat, wie gutgläubig ihr seid, dann könnt ihr sehr auf die Nase fallen. Ihr könnt nach Strich und Faden belogen und betrogen werden. Es kann so weit gehen, dass ihr euer ganzes Geld los werdet, weil euch viel versprochen wurde.
Besonders gefährdet sind alte Leute, die an nichts Böses denken. Sie sind der Spielball für Betrüger.
Es gibt leider auf der Welt viele solche Fälle.
Vertraut keinem Fremden!
Denkt an meine Worte.
Ich, Gott, möchte euch schützen und vor Unheil bewahren!

In Liebe
euer Gott

## 237
## Bissig

**Botschaft von Gott**

Ja, ich bin da.

Einen bissigen Hund gibt es, aber glaubt mir, es gibt auch bissige Menschen. Sie greifen euch einfach an und schreien, man könnte auch sagen: „Bellen euch an".
Ohne besonderen Grund werden sie zu Tieren.
Diese Menschen können dafür sorgen, dass euer Herz in die Hose rutscht. Ihr bekommt einen furchtbaren Schreck und seid wie erstarrt. Was sind das für Menschen, die so bissig sind und euch wehtun? Meistens sind sie mit sich selber nicht zufrieden. Sie haben immer Gründe und möchten ihre Wut rauslassen. Vielleicht haben sie im Kindesalter alles erreicht mit Schreien und Toben. Das ist dann wie einprogrammiert und selbstverständlich in ihrem weiteren Leben.
Geholfen werden kann ihnen schlecht.
Sie müssen es selber merken, dass ihr Verhalten kein normaler Zustand ist. Liebe Menschen, wenn ihr so seid, dann geht in euch und sagt: „Ich möchte mir und den anderen Menschen um mich herum das nicht mehr antun!"
Betet zu mir um Hilfe und glaubt an mich!

In Liebe
euer Gott

# 238
# Hunger

**Botschaft von Gott**

Ja, ich bin da.

Liebe Menschen, Hunger ist keine Krankheit, sie ist eine Not.
Hunger schmerzt und nimmt euch die Kraft zum Leben,
wenn ihr nichts zum Essen bekommt.
Der Körper hat keine Widerstandskräfte mehr und wird immer
dünner. Das Fleisch am Körper wird immer weniger, und
die Knochen kommen überall zum Vorschein.
Eure Augen blicken traurig und groß in die Welt.
Eine Welt, die genug zu Essen hat, so dass jeder Mensch, satt
werden könnte.
Aber dafür ist die Welt bzw. der Mensch noch zu ungerecht.
Es wird in reichen Ländern viel Essen weggeworfen,
welches woanders dringend benötigt wird.
So geht das nicht weiter.
Es muss etwas getan werden, um den Hunger auf der Welt zu
stillen. Strengt euch alle an und das schnellstens.
Rund 1,2 Milliarden Menschen, vor allem Kinder, leben in
einer bitteren Realität.
Ihr sitzt vor einem gedeckten Tisch, ohne schlechtes
Gewissen.
Ihr verdrängt es einfach. Habt mehr Mut dafür zu kämpfen,
dass kein Mensch mehr an Hunger sterben muss.
So einen Tod wünscht sich bestimmt keiner von euch.
Ich bin traurig!

In Liebe
euer Gott

# 239
# Durst

**Botschaft von Gott**

Ja, ich bin da.

Durst haben und nichts zum Trinken, bedeutet eine Austrocknung. Sie geht sehr schnell und führt zur Bewusstlosigkeit. Ihr Menschen könnt viele Tage ohne Essen leben, aber nicht ohne etwas zu trinken.
In ihrer größten Not haben Menschen schon ihren Urin getrunken. Keiner kann sich das vorstellen, aber es ist so.
Der Überlebenskampf kann stark sein und dann wird alles egal,
Hauptsache ihr behelft euch.
Alte Menschen haben kein Durstgefühl und vergessen dadurch
das Trinken. Eine sehr gefährliche Tatsache.
Stellt euch bitte am Morgen die Menge an Flüssigkeit hin, die ihr trinken müsst. Das ist eine Rettung im Alter.
Ihr habt Verantwortung für euer Leben und dafür es zu erhalten.
Eine ausgetrocknete Haut erkennt jeder schnell.
Soweit dürft ihr es nicht kommen lassen.
Euer Gehirn schaltet ab, wenn ihr nicht oder zu wenig trinkt.
Wenn ihr erst auf Durst wartet, hat der Körper sich schon Flüssigkeit aus den Organen geholt.
Keine gute Sache. Ich, Gott, sage euch: „ Passt auf euch auf! "
Ihr seid für euch auch verantwortlich.
Nehmt euch meine Worte zu Herzen!

In Liebe
euer Gott

## 240
## Bequemlichkeit

**<u>Botschaft von Gott</u>**

Ja, ich bin da.

„Erhebe dich mal und sei nicht so bequem", so heißt es
in eurem Umgangston. Womit ihr manchmal sogar Recht
habt, wenn es von euch ausgesprochen wird.
Denn die Bequemlichkeit hat in den letzten 20 Jahren
sehr zugenommen. Ganz besonders bei der jungen
Generation, die noch bei ihren Eltern lebt, ist es deutlich zu
erkennen. Sie wurden von euch verwöhnt und es sollte ihnen
besonders gut gehen. Leider war das zu gut gemeint.
Ihr lieben Eltern müsst jetzt darunter leiden.
Unordnung ist angesagt, besonders bei den Jungens.
Sie schmeißen in ihrem Zimmer alles durcheinander und
haben keine Lust auf Ordnung.
Der Computer und Fernseher ist wichtig.
Leider geht auch noch die Liebe zu den Eltern verloren.
Sie wollen sich nichts sagen lassen.
Liebe Eltern, erzieht euer Kind von klein auf zum Geben und
Nehmen. Ihr werdet dann fleißige und liebevolle Kinder
haben. Da heißt es nicht: „ Du bist sehr bequem."
Arbeiten war schon immer eine Erziehungssache.
Mit ein wenig Strenge dürft ihr ruhig eure Kinder erziehen.
Sie müssen wissen, was richtig und falsch ist.
Nehmt es wichtig!

In Liebe
euer Gott

# 241
## Gleichgültigkeit

**Botschaft von Gott**

Ja, ich bin da.

Die Gleichgültigkeit kann euch viel Unglück einbringen.
Das heißt, ihr seid nicht auf der Hut, ihr passt nicht auf und es ist euch so vieles egal.
Das dürft ihr aber nicht zulassen!
Einmal aus Gleichgültigkeit, nicht richtig aufgepasst und schon habt ihr euren Denkzettel.
Wenn ich bloß das Beispiel vom Autofahrer nenne.
Was da alles passieren kann durch Gleichgültigkeit.
Wer klug ist, lernt daraus.
Aber es gibt leider Menschen, die lernen nie aus ihren Fehlern.
Bloß ihr kommt so nicht weiter.
Das Leben hat einen Wert und den solltet ihr nicht verlassen.
Achtet alles und schützt alles, sonst geht er verloren.
Ich bete für euch, bitte betet auch!

In Liebe
euer Gott

## 242
## Beschützen

**<u>Botschaft von Gott</u>**

Ja, ich bin da.

Jemand beschützt euch und ihr fühlt euch geborgen und gut aufgehoben.
Wenn ihr an mich glaubt, betet und immer bei mir seid, dann werde ich meinen Schutz über euch ausbreiten.
Ich weiß genau, dass viele Menschen, die zum Glauben gefunden haben, auch meine Kraft spüren.
Ihr Leben hat sich zum Positiven verändert und sie sind stärker geworden.
Wer mich sucht, der wird mich finden und den Schutz spüren!

In Liebe
euer Gott

## 243
## Geldgier

**Botschaft von Gott**

Ja, ich bin da.

Geld haben, ist wichtig, aber geldgierig sein, ist krankhaft.
Was habt ihr geldgierigen Menschen für ein Gefühl in euch
und eurem Herzen, jagt dem Geld hinterher.
Das Herz wird davon krank und es versteinert.
Ja, ihr habt einen Stein in eurer Brust.
Es ist kalt und gefühllos. Diese Kälte lasst ihr auch nach
außen spüren. Jeder merkt sie.
Ihr dreht jeden Taler um und möchtet ihn nicht ausgeben.
Nur raffen, raffen und raffen. Aber wofür?
Ihr schafft nicht die Not im Geld, aber eine große Not
in der Liebe. Nur das Geld ist noch wichtig.
Die Liebe geht verloren und verlässt das kalte Herz.
Ob es euch einmal bewusst wird, was ihr anrichtet?
Ihr bringt Unglück über euch, denn glücklich könnt ihr auch
mit dem vielen Geld nicht werden.
Die Gier zernagt euch und lässt euch krank und kränker
werden. Ihr habt keine Freude mehr am Leben, nur noch am
Geldzählen.
Das letzte Hemd hat keine Taschen, also überlegt es euch
genau!
Macht euch und anderen das Leben schön.
Es könnte euch gefallen!

In Liebe
euer Gott

# 244
## Verkleiden

**<u>Botschaft von Gott</u>**

Ja, ich bin da.

Es gibt viele Anlässe, sich zu verkleiden.
Meistens hat es mit sehr viel Spaß zu tun.
Es gibt für euch den Fasching oder den Karneval.
Überall geht es hoch her und ihr Menschen verkleidet euch von Kopf bis zu den Füßen. Da werden tolle Perücken getragen und jeder macht sich so zurecht mit der Kleidung, wie er möchte. Fast alles ist erlaubt.
Ihr Menschen seid ausgelassen und bei bester Laune.
Es wird gefeiert und gejubelt.
Leider kommt der Alkohol sehr zum Fließen.
Übertreibt es nicht, denn es ist bei dem Trubel auch schon viel passiert. Es werden keine Grenzen gesetzt!
Liebe Menschen, vergnügt euch so viel ihr wollt.
Das Leben soll Spaß machen, aber setzt euch selber die Grenzen. Sie bekommen euch gut.
Ich, euer Gott, wünsche euch viel Vergnügen, genießt das Leben und freut euch des Lebens.
Es ist ein Geschenk.
Ich bin bei euch!

In Liebe
euer Gott

# 245
## Wiedergeburt

**Botschaft von Gott**

Ja, ich bin da.

Alles ist Energie, die nie verloren geht.
Der Geist ist Energie, er begleitet euch Menschen ein Leben lang. Nach dem Tod oder während des Todes, entweicht euer Geist aus eurem Körper. Körper und Geist sind getrennt.
Alles was ihr in eurem Leben gelernt und aufgenommen habt, bleibt in eurem Geist.
Ihr kommt zu mir ins Paradies und werdet dort weiterleben.
Es geht euch gut. Ihr habt keine Schmerzen und kein Leid mehr zu tragen. Ihr könnt auf eure noch lebenden Angehörigen schauen und auch in Kontakt treten, wenn sie mit dem Universum sich verbinden.
In welcher Ebene ihr hier als Geist existiert, hängt vom letzten Leben ab. Was wart ihr für ein Mensch, positiv oder sehr negativ. Der positive Mensch ist mir sehr nah und der negative in einer tieferen Ebene, mir nicht so nah.
Er muss viel aufarbeiten.
Im nächsten Leben könnt ihr euch verbessern.
Das nächste Leben und die Wiedergeburt ist dann eine Prüfung für euch. Ihr lernt dazu!
Wer sein Leben makellos lebt, könnte heilig gesprochen werden und bekommt das ewige Leben.
Darum liebe Menschen, lebt im Bewusstsein, denn ihr werdet geprüft!

In Liebe
euer Gott

# 246
# Todesstrafe

**Botschaft von Gott**

Ja, ich bin da.

Ich, euer Gott, sage ganz klar: „NEIN - STOP!"
Ich bin gegen die Todesstrafe.
Das habt ihr Menschen euch schlecht ausgedacht.
Warum? Das kann ich euch sagen:
Ihr denkt, durch den Tod hat der Täter seine Strafe bekommen und kann kein Unheil mehr anrichten.
Die Wahrheit ist aber anders. Der Geist lebt, er kommt zu mir.
Hier arbeitet er alles auf, damit er im nächsten Leben gut handelt und positiv wird.
Warum lasst ihr ihn nicht bei euch lernen?
Es braucht gar keine Strafe zu geben.
Er sollte das Leben lernen und beten, damit er zu Lebzeiten ein besseres Bewusstsein bekommt.
Jeder Täter sollte lernen, klüger zu werden.
Das geht in keinem Gefängnis in der jetzigen Form und auch nicht mit der Todesstrafe.
Die Bibel lesen und danach leben, ist die größte Hilfe.
Bitte keine Strafen! Nur Klugheit hilft der Welt!
Wer seid ihr denn, die da besser sein wollen und töten?
Das kann doch nicht wahr sein.
Liebe Menschen werdet klüger. Denkt nicht oberflächlich.
Ihr seid eines Tages im Paradies nicht ein bisschen besser.
Begreift das!

In Liebe
euer Gott

# Egoist

**Botschaft von Gott**

Ja, ich bin da.

Egoisten gibt es mehr als genug, und wenn ihr Menschen kein
besseres Bewusstsein bekommt und mich vergesst,
dann werden es eines Tages immer mehr sein.
Warum glaubt ihr, mich gibt es nicht und ihr könnt machen
was ihr wollt?
Dass ihr euch da mal nicht irrt.
Ich habe euch die Bibel auf die Erde diktiert, damit ihr lernt
und gut danach handelt.
Vielen Menschen ist das so egal und sie begreifen nicht, dass
sie mit ihrem Egoismus die Erde und mich kaputt machen.
Die Menschen sind mir entglitten und es geht so weiter.
*DARUM SCHREIBEN WIR HIER DIESE NEUEN
BOTSCHAFTEN, UM DIE MENSCHEN AUFZURÜTTELN.*
Nehmt sie euch zu Herzen!
Betet und ruft mich, legt euren Egoismus ab.
Die Erde darf nicht verloren gehen.
Ich sage es euch immer wieder:
**„Ich bin da, solange ihr an mich glaubt!"**
Handelt gut, denkt gut und vergesst mich keinen Tag!

In Liebe
euer Gott

# 248
# Ehe

**Botschaft von Gott**

Ja, ich bin da.

Die Ehe ist eine sehr schöne Idee von euch, weil zwei Menschen, die sich lieben, zusammengehören.
Kinder werden geboren und Enkelkinder sind eines Tages das Glück der Familie.
Ein Kind kommt nach Oma und ein Kind kommt nach Opa.
Was für eine Freude und was für ein Zusammenhalt.
So sieht es in den guten Familien aus.
Leider gehen Ehen auch wieder kaputt, wenn sie es nicht schaffen, ihre Liebe zu erhalten.
Das ist traurig, auch für die Kinder.
Liebe Menschen, lernt es, die Ehe als etwas Besonderes zu sehen.
Erhaltet eure Liebe bis zum Ende der Zeit und schaut in die gleiche Richtung.
Ich, euer Gott, freue mich darüber!

In Liebe
euer Gott

## 249
## Zuschauer

**Botschaft von Gott**

Ja, ich bin da.

Ihr Menschen schaut jeden Tag zu, das ist jedenfalls besser,
als wenn ihr wegschauen würdet.
Es könnte euch etwas Wichtiges entgehen.
Ein alter Mensch wird schlecht behandelt
und keiner greift ein.
Zuschauer sein und Hilfe leisten, der ist immer ein Vorbild.
Seid tapfer und lasst das Böse keine Saat säen.
Das Böse ist überall und muss bekämpft werden
in meinem Namen.
Ihr werdet es eines Tages begreifen!

In Liebe
euer Gott

## 250
## Applaus

**Botschaft von Gott**

Ja, ich bin da.

Wenn ihr Menschen wüsstet, weswegen alles Applaus
geklatscht wird, dann würde es euch schlecht werden.
Da werden Menschen hingerichtet und die Massen jubeln.
Da wird so viel Geld gedruckt, das eines Tages die Geldblase
platzt, aber die Menschen jubeln.
Es werden wegen Profitgier die Tiere gequält,
die Umwelt wird zerstört durch Atom und der Regenwald
wird abgeholzt.
Überall wird applaudiert und die Gedanken sind frei.
Die Gedanken von euch sind, in meinen Augen, gleichgültig.
Der Applaus ist nicht angebracht, wenn ihr Menschen dumm
handelt.
Die Politik sollte besser zusammenarbeiten und nicht einer,
dem anderen, Steine in den Weg legen.
Ihr kommt so nicht weiter.
Habt ihr noch nicht gemerkt,
wie das Wetter sich verändert hat?
Kluge Köpfe sind gefragt, so dass ihr eines Tages einen Grund
habt, Applaus zu klatschen.
Bis jetzt ist alles noch zum Weinen!

In Liebe
euer Gott

# 251
# Erbarmen

**Botschaft von Gott**

Ja, ich bin da.

Ich, Gott, könnte euch jeden Tag sagen:
„Habt Erbarmen!"
Es muss einfach gesagt werden, jeden Tag und jede Stunde.
Die Zeit eilt und die Erbarmungslosigkeit ist wie ein dunkler Mantel über dieser schönen Erde.
Der blühende Planet wird nicht verschont und jeden Tag wird Stück für Stück, ein kleines Staubkorn vernichtet.
Die Staubkörner sammeln sich und in 100 Jahren sieht die Erde anders aus wenn alles so weitergeht.
Ihr ruft die Klimakonferenz zusammen, das ist sehr gut, aber es muss auch etwas erreicht werden.
Ihr Menschen habt es schon längst gemerkt, dass ihr so nicht weiterkommt. Die Grenze ist erreicht.
Der Weg wird euch ohne Änderung und Erbarmen in den Abgrund zwingen.
Ob ihr wollt oder nicht, eines Tages müsst ihr oder die Generation nach euch zurückgehen.
Ihr dürft euch weiterentwickeln, aber auch zur Natur zurückkehren.
Ohne Natur kein Leben, das ist ein Gesetz.
Macht euch Gedanken, wie ihr das Leben schützen könnt.
Alles in der Natur ist Leben!

In Liebe
euer Gott

## 252
## Erfahrung

**Botschaft von Gott**

Ja, ich bin da.

Aus der Erfahrung solltet ihr lernen und wenn es geht,
die gleichen Fehler nicht wiederholen.
Eine Erfahrung kann sehr bitter schmecken und die Lehre
daraus sagt euch, bloß nicht noch einmal den Geschmack
verderben. Von Jahr zu Jahr eures Lebens lernt ihr dazu
und werdet dadurch reifer und klüger.
Wenn ihr 100 Jahre geworden seid, habt ihr sehr viel
Erfahrung hinter euch und seht das Leben mit anderen Augen.
Ihr wurdet WEISE. Diese Weisheit ist ein Schatz von
Erfahrungen und vielen Niederlagen.
Ein Leben ist immer geprägt von Kampf und einem
Bewusstsein. Sagt ruhig: „ Der Klügere gibt nach."
Dann gibt es Stimmen, die meinen, der Klügere gibt solange
nach, bis er der Dumme ist.
Alles ist möglich bei euch Menschen, dennoch ist das Gute
eine Macht der positiven Energie.
Mit Nachgeben kann man auch so manchen Menschen
den Wind aus den Segeln nehmen.
Passt auf euch auf und betet.
Meine Kraft ist bei euch und meine Erfahrung!

In Liebe
euer Gott

# 253
# Erfolg

**Botschaft von Gott**

Ja, ich bin da.

Was führt wohl zum Erfolg?
Immer ist es der Ehrgeiz, der euch gepackt hat und die Liebe zur Sache. Ein erfolgreicher Mensch hat immer ein Ziel vor den Augen, welches er unbedingt erreichen möchte.
Viele Menschen haben viel erreicht und sind erfolgreich geworden. Immer wieder heißt es, ohne Fleiß kein Preis.
Woran liegt es aber, wenn ein Mensch unter euch fleißig ist und keinen Erfolg hat? Vielleicht zeigt er zu viel Kälte, Erbarmungslosigkeit oder Geldgier.
Bäume wachsen nicht in den Himmel und sie wachsen auch nicht von einem Tag zum anderen in die Höhe.
Alles braucht seine Zeit!
Besonnenheit, Geduld und Menschen, die zum Erfolg verhelfen. Suche deinen Weg nie allein, suche dir die richtigen Partner, denn ohne Anerkennung kommt der Mensch nicht weiter. Ja, der Mensch sollte Mensch sein,
einen gesunden Glauben haben und auf mich vertrauen.
Ich helfe gerne wenn ich möchte und eure Seele nach mir ruft.
Arbeitet am Erfolg, ich schätze euch sehr!

In Liebe
euer Gott

# 254
# Gehorsam

**Botschaft von Gott**

Ja, ich bin da.

Ein gehorsamer Mensch steht mir sehr nah.
Er weiß warum er so ist und hat sich seine Lebensregeln aufgestellt, die ihm zum Gehorsam verhelfen.
Sie lassen ihn nicht vom Weg abkommen auch wenn die Verführung noch so groß ist.
Er ist solide und mit seinem Leben zufrieden.
Da gibt es keinen ausschweifenden Sex, keinen Alkohol im Übermaß und auch keine Geldgier.
Er hat ein sehr starkes Bewusstsein und lebt konsequent.
Er gehorcht sich selber, das soll aber nicht heißen, dass er alles mit sich machen lässt und andere Menschen ihn als Spielball betrachten.
Er weiß was richtig für ihn ist. Ein klares NEIN wenn es gegen sein Bewusstsein verstößt, kann er deutlich aussprechen.
Dieses ist für mich ein Mensch mit Charakter!
Eine besondere Blume in meinem Garten.
Ich werde sie behüten!
Lernt von solchen Menschen, sie geben euch Kraft und Zuversicht.
Ihr könnt nicht untergehen!

In Liebe
euer Gott

## 255
## Müde

**Botschaft von Gott**

Ja, ich bin da.

Müde Menschen haben keine Kraft, es fallen ihnen die Augen zu und sie können im Sitzen schlafen.
Ursachen gibt es viele. Entweder habt ihr Menschen genug getan für den Tag oder ihr seid verbraucht vom Leben.
Verbraucht vom Leben bedeutet, ihr seid alt und möchtet vom Leben Abschied nehmen.
Ihr wartet auf meine Erlösung.
Ich, Gott, weiß wann eure Zeit gekommen ist,
nehmt sie an und kämpft nicht dagegen an.
Eure Augen fallen zu und suchen die Ruhe und den Frieden.
Ich bin bei euch, vergesst es nicht.
Jeder Abschied bringt ein Wiedersehen mit sich!

In Liebe
euer Gott

# 256
# Verfolgung

**Botschaft von Gott**

Ja, ich bin da.

Wenn ihr Menschen verfolgt werdet, gibt es immer einen Grund.
Auf der Welt wurden schon viele Menschen verfolgt.
Es können politische Gründe sein, oder ihr habt einem Menschen etwas angetan.
Verfolgt werden bedeutet immer, ihr werdet gejagt, und wenn ihr gefasst werdet, dann müsst ihr verhört werden und es droht eine Strafe.
Euer Leben, wird dann schwierig, denn es wird euch eure Freiheit genommen. Die Haft kann lange dauern, es kommt immer auf die Tat an.
Ihr Menschen solltet bewusster handeln!

In Liebe
euer Gott

## 257
# Leuchten

**Botschaft von Gott**

Ja, ich bin da.

Deine Augen leuchten wie zwei Sterne, sie schenken mir Liebe.
Dieses Strahlen oder Leuchten kennt ihr Menschen alle.
Es ist die Herrlichkeit, sie steckt an und verzaubert.
Jedes Leuchten ist eine Kraft für euch Menschen.
Die Sterne leuchten über euch und machen das Universum zu einem Wunder. Der Mond leuchtet und schaut auf die Erde nieder, er verhilft der Nacht zur großen Macht und Bewunderung. Am Tage strahlt die Sonne und leuchtet in eure Augen. Sie lässt die Blumen blühen und schickt Energien für alle Lebewesen. Euer Universum ist mit viel Zauberkraft versehen. Die Menschen haben zu jeder Zeit ihren Himmel bewundert und er hat ihnen viele Rätsel aufgegeben.
Ich, euer Gott, wünsche mir, dass euer Paradies auf Erden nie verloren geht. Erhaltet das Leuchten, indem ihr selber zu einem wunderbaren Stern auf Erden werdet.
Lasst die Augen vor Liebe strahlen und freut euch jeden Tag des Lebens.
Ich danke euch und freue mich über jedes Gebet.
Es leuchtet zu mir empor!

In Liebe
euer Gott

## 258
## Glockenklang

**Botschaft von Gott**

Ja, ich bin da.

Der Glockenklang ist eine heilige Form, er ist überall da zu hören, wo eine Zeit abgelaufen ist oder eine neue Zeit beginnt.
Die Uhr schlägt zur vollen Stunde, sie hat einen besonderen Klang in unserer Wohnung.
Die Kirchenglocken läuten bei vielen verschiedenen Anlässen.
Bei Taufe, Hochzeit, Tod oder bei hohen heiligen Persönlichkeiten. Von jeher hat der Glockenklang euch Menschen fasziniert.
In der heiligen Zeit zu Weihnachten klingen fasst überall die Glocken.
Es gibt Glockenspiele, die die Figuren tanzen lassen.
Die Augen staunen und die Ohren lassen sich betören.
Einfach wunderbar. Ihr Menschen habt das Leben in vielen Fällen lebenswerter gemacht durch eure Fantasie.
Sie hat auf der Erde viel Platz gefunden und ihr lasst sie weiter wachsen. So entstehen immer neue Glockenklänge und wundervoll verzierte Glocken.
Lasst sie klingen, sie sind etwas besonders Schönes!
Ich bin stolz auf euch!

In Liebe
euer Gott

# 259
# Hitze

**Botschaft von Gott**

Ja, ich bin da.

Liebe Menschen, die Hitze kann zu einem sehr traurigen Thema werden. Sie hat auf der Erde schon viel Unheil angerichtet. Wenn sie erst mal da ist und nicht weichen will, wird sie zur Gefahr. Sie trocknet den Boden aus und alles was auf dem Boden wächst. Es verliert die grüne Farbe und vertrocknet zu Stroh. Ein erbärmlicher Anblick.
Die Ernte ist verloren und Not kommt über die Menschen.
Das Wasser wird überall knapp und der Mensch muss es gut einteilen. Er darf nicht auch noch verdursten.
Gerade in der größten Hitze muss der Mensch viel trinken.
Er wird sonst austrocknen und sterben.
Aber die Hitze richtet noch viel mehr an.
Feuer bricht aus und Wälder stehen in Flammen,
Häuser werden vernichtet.
Eine furchtbare Katastrophe. Ein Segen ist es, wenn es wieder regnet. Ihr Menschen wartet jeden Tag darauf.
Die Natur ist erbarmungslos, aber ich kann da nicht eingreifen, auch wenn ich euer Gott bin.
Eure Aufgabe ist es, vorzusorgen und klug zu handeln!

In Liebe
euer Gott

# 260
# Kälte

**Botschaft von Gott**

Ja, ich bin da.

Das eine Extrem ist die Hitze und das andere die Kälte.
Sie ist genauso erbarmungslos. Mit großer Energie frisst sie sich überall fest. Sie lässt das Wasser zu Eis werden.
Sie lässt die Regentropfen zu Schnee werden.
Sie tötet die Tiere im Wald und die Menschen, die keine Unterkunft haben. Überall wird es ungemütlich und kalt.
Wer eine warme Wohnung hat, ist gerettet.
Ihr Menschen habt nicht alle warme Wohnungen und dicke Kleidung. Alles kostet Geld und viele Menschen sind arm.
Sie müssen nicht nur verhungern, sondern auch noch erfrieren.
In dieser modernen Zeit lasst ihr Reichen so etwas zu.
Kein Mensch auf der Erde dürfte so elendig zu Grunde gehen.
Öffnet euer Herz und lasst die Liebe nicht untergehen.
Warum schimpft ihr auf mich? Ich bin daran nicht Schuld.
Euer Verstand muss wachsen, dann kann die Kälte nichts ausrichten. Beeilt euch, die Zeit läuft und die nächste Kälte kommt bald wieder.
Ich hoffe auf euch!

In Liebe
euer Gott

# 261
# Magie

**Botschaft von Gott**

Ja, ich bin da.

Was glaubt ihr Menschen was Magie ist?
Sie liegt in der Luft, sie schaut auf euch herunter,
sie ist vorhanden und wird nicht gesehen.
Das ganze Leben von euch ist eine Magie.
Sie ist die Herrlichkeit, die ihr besitzt und mit der ihr euch entfalten könnt.
Wenn ihr das nicht glauben wollt, dann schaut euch die Natur an. Alles verändert sich von Stunde zu Stunde.
In einer Stunde werden viele Menschen auf der Welt geboren und viele andere sterben. Alles ist Magie.
Das heißt, die Energie verändert sich.
Trotzdem geht sie nie verloren. Ihr könnt aus der Energie auch Zauberkraft entnehmen.
Habt ihr schon, aber es gibt noch viel mehr, was ihr euch holen könnt.
Das Negative lasst bitte in Ruhe!
Es soll die Energie verlieren, damit es euch Menschen eines Tages besser geht.
Wenn ihr das geschafft habt, dann werdet ihr viele Katastrophen beherrschen mit Magie.
Ihr habt ein großes Projekt vor euch liegen.
Nutzt es. Ich freue mich!

In Liebe
euer Gott

# 262
# Macht

**<u>Botschaft von Gott</u>**

Ja, ich bin da.

Bei der Macht frage ich mich, was macht ihr da?
Wisst ihr das überhaupt?
Ihr strengt euch an, negativ auf andere Menschen zu wirken.
Das gefällt euch sogar und ihr könnt auch noch stolz auf euch sein.
Ich, euer Gott, sage aber dazu: „ Ihr solltet euch schämen, weil die Macht alles zerstört und eines Tages auch euch!"
Ihr merkt es nämlich nicht, dass ihr negative Energie abgebt.
Sie wird wie ein Bumerang zu euch zurückkehren.
Wundert euch nicht!
Ich kenne viele solche Menschen, die sich selbst gerichtet haben.
Lasst die Macht los!

In Liebe
euer Gott

# 263
# Ohnmacht

**Botschaft von Gott**

Ja, ich bin da.

Ihr Menschen habt wirklich allen Grund, ohnmächtig zu werden.
Ihr braucht doch nur die Welt anzuschauen und was der Mensch alles so anstellt, das lässt euch ohnmächtig werden!
Es tut furchtbar weh.
Ihr dürft nichts Negatives zulassen.
Öffnet den Verstand, wo soll das hinführen?
Dann kommt wieder: „Wo ist Gott?"
Gott ist da und muss zusehen, wie die Erde mit ohnmächtig wird.
Welch ein Jammer, was stellt ihr bloß an!

In Liebe
euer Gott

# 264
# Pünktlichkeit

**Botschaft von Gott**

Ja, ich bin da.

Wer ein gutes Pflichtbewusstsein besitzt, wird versuchen immer pünktlich zu sein. Sicherlich ist es nicht immer einfach, eine
Zeit einzuhalten, aber die Grundeinstellung sollte dahin gehen. Durch viele Faktoren kann eine Zeiteinteilung mal durcheinander geraten. Für euch Menschen kann das sehr peinlich werden, gerade wenn es für euch ein wichtiger Termin ist mit wichtigen Menschen. Da ist zwar eine Entschuldigung angebracht, aber das ändert nichts am Resultat.
Liebe Menschen, wenn ihr wisst, ihr müsst da und dort hin, dann macht euch pünktlich auf den Weg.
Ihr solltet immer ein Hindernis einplanen.
Wer mit dem Auto unterwegs ist, weiß nie was kommt.
Also, Vordenken und die Zeitspanne vergrößern.
Ich, euer Gott, rate euch, lieber ein bisschen früher als zu spät zu erscheinen. Wer immer zu spät kommt, wird als nicht verlässlich eingestuft. Das kann euch auf eurem Weg nach oben hinderlich sein. Andere Menschen passen immer genau auf und setzen die Messlatte sehr hoch.
Passt auf euch auf!

In Liebe
euer Gott

## 265
## Harmonie

**Botschaft von Gott**

Ja, ich bin da.

Das Wort Harmonie klingt wie eine wunderbare ausgeglichene Musik. Sie verbreitet inneren Frieden und lässt das Gute siegen.
Harmonisch in einer Beziehung zu sein, ist ganz genau wie die wunderbare Musik. Paare, die in Harmonie leben, haben die gleiche Wellenlänge, man könnte auch sagen, sie sind seelenverwandt. Eure Harmonie, liebe Menschen, geht im Leben nie verloren. Sie lässt euch leicht und locker leben. Harmonie wird nur gestört, wenn etwas aus den Fugen gerät. Leider gibt es immer wieder Menschen, die die Harmonie nicht mögen. Sie ist ihnen zu langweilig.
Seht euch vor, liebe Menschen, lasst euch nicht euer Leben durcheinander wirbeln. Bleibt im Einklang mit euch.
Wer ganz gewollt Freundschaften auseinander bringt, oder sich in Ehen einmischt, ist ein Keil der Trennung.
Werdet nie solche Menschen, denn dieses Verhalten bekommt euch nur für Momente. Wer ihr wirklich seid, findet sich! Oftmals stellt sich heraus, dass ihr nicht liebenswert sein könnt.
Ihr wollt besitzergreifend und ohne Harmonie sein.
So wird die Welt nicht besser, überdenkt euer Tun!

In Liebe
euer Gott

# 266
# Blumenpracht

**Botschaft von Gott**

Ja, ich bin da.

Die Blumenpracht ist die Schönheit der Natur, denn sie bringt die schönsten Farben zum Vorschein.
Sie stehen am Wegesrand oder wachsen auf Beeten.
Jede Frucht hat vor ihrer Entwicklung eine Blüte, die sich nach der Befruchtung von den Bienen entwickelt.
So bekommt ihr Menschen die kostbarsten Früchte, die euch viel Kraft schenken.
Selbst in der Wüste wachsen die Kakteen, die wundervolle Blüten zaubern.
Habt ihr schon mal darüber nachgedacht, wie wundervoll die Erde ist auf der ihr lebt?
Es ist eine Tatsache, die die Vollkommenheit anzeigt und euch Menschen sagt, alles ist vorhanden in Hülle und Fülle.
Greift zu und macht das Beste daraus.
Einen Blumenstrauß zu bekommen, ist immer eine Freude und schenkt gleichzeitig Liebe und Verbundenheit.
Ich, euer Gott, habe euch alles zur Verfügung gestellt.
Nutzt es und geht gut mit der Natur um.
Nur wenn sie lebt, lebt ihr auch!

In Liebe
euer Gott

## 267
## Ursache

**Botschaft von Gott**

Ja, ich bin da.

Liebe Menschen ich muss euch das unbedingt so schreiben, weil es mir sehr am Herzen liegt.
Es ist eine große Ursache die ihr auslöst und euch dessen nicht bewusst seid was daraus entstehen kann und wird, wenn es so weiter geht.
Ihr lauft dem Geld hinterher und bekommt nicht genug.
Wer viel hat, will nichts abgeben, im Gegenteil, er will immer mehr.
Die Armut wird auch immer größer und ihr Menschen wisst nicht, was ich durchmachen muss wegen euch!
Ich sehe viele Ursachen und weiß, dass die Wirkung immer größer wird.
Ihr seid manchmal blind für die Erde!
Sie wird untergehen, weil ihr mich vergesst und nur noch an das Geld denkt.
Die Liebe zu mir geht verloren und unter euch.
Was soll werden?
Jeden Tag dreht sich die Erde noch und sie ist noch nicht aus der Bahn.
Aber ihr Menschen seid aus der Bahn und reißt die Erde mit runter.
Wann wollt ihr umkehren und euren Egoismus ablegen.
Ich bin traurig!

In Liebe
euer Gott

## 268
## Wirkung

**<u>Botschaft von Gott</u>**

Ja, ich bin da.

Sehr viel Wirkung bekommt ihr Menschen schon zu spüren.
Diese ganzen unklugen Tatsachen, wie zu viel $CO^2$, welches euch den Sauerstoff zum Atmen nimmt.
Die Pflanzen müssen darunter leiden und viele Bäume sind am Absterben.
Ihr vertragt die Sonnenstrahlen nicht mehr und der Hautkrebs ist am Zunehmen.
Die Eisberge schmelzen vor sich hin und die Wirkung wird größer werden.
Das Klima verändert sich, und ihr Menschen lebt eines Tages nur noch mit Katastrophen.
Dann werdet ihr schimpfen, ich kenne das schon:
„Wo ist Gott?"
Ja, euer Gott ist da, aber er kann euch nicht helfen.
Ihr habt nicht nach den 10 Geboten gelebt und gehandelt und glaubt allen Ernstes, dass ich euch helfe.
Wer an mich nicht glaubt und meine Gesetze nicht befolgt, wird untergehen. So hart wie es klingt.
Aber alles ist so ausgemacht und das solltet ihr wissen, wenn ihr die Bibel lest.
Es gibt kein Zurück, wenn ihr euch nicht zu den Gesetzen bekennt.
Das ist die Auswirkung. Lasst es nicht zu!

In Liebe
euer Gott

## 269
## Gift

**Botschaft von Gott**

Ja, ich bin da.

Gift ist immer tödlich, wenn es in größeren Mengen angewendet wird.
Dagegen kann Gift in kleineren Mengen, heilend sein.
Ihr Menschen habt das schon richtig erkannt.
Schlangengift wird benutzt um Salben herzustellen und Schmerzen zu lindern.
Wenn ihr von einer giftigen Schlange gebissen werdet, ist sofort ärztliche Hilfe notwendig.
Das Gift lähmt die Nervenzellen und lässt euch sterben.
Passt auf, wenn ihr mit Giftschlangen Kontakt habt.
Böse Menschen, haben auch schon sehr viele Menschen vergiftet. Es wurde Gift ins Essen oder Trinken getan.
Eine sehr heimtückische Sache.
Ich, bin Gott, der Zeuge und weiß was los ist.
Es bleibt mir nichts verborgen!

In Liebe
euer Gott

## 270
## Gedankenlos

**<u>Botschaft von Gott</u>**

Ja, ich bin da.

Gedankenlose Menschen können einfach nicht richtig denken.
Man könnte glauben, sie sind zu faul, ihren Kopf anzustrengen.
Sie lassen laufend das Kind in den Brunnen fallen und wundern sich, warum das passiert ist.
Es ist Fakt, sie geben sich zu wenig Mühe und lassen stillschweigend alles passieren.
Für euch Mitmenschen kann das sehr anstrengend sein.
Ihr bekommt einfach diese Menschen nicht aus ihrem Schneckenhaus.
Betet für sie!

In Liebe
euer Gott

# 271
# Gedankenlesen

**Botschaft von Gott**

Ja, ich bin da.

Gedankenlesen ist eine Kunst, die nicht jeder Mensch beherrscht.
Dafür braucht ihr eine sehr gute Menschenkenntnis.
Wer oberflächlich mit Menschen umgeht, wird nie dahinter kommen. Es ist sehr interessant, Menschen zu beobachten, ihre Mimik, ihre Haltung, alles sagt etwas über den Menschen aus. Seine Augen, wie sie schauen, ob sie ehrlich gucken oder nicht. Es bleibt nichts verborgen.
Menschen, die euch nicht ansehen können und immer nach links oder rechts die Augen drehen, die sind sehr heimtückisch.
Verschlossene Menschen haben immer ihre Arme ineinander verschränkt. Sie haben viel zu verbergen.
Studiert die Menschen neben euch ruhig ein bisschen.
Ihr werdet euch wundern wie einfach es ist, etwas zu erkennen.
Habt aber auch euer eigenes Verhalten unter Kontrolle.
Benehmt euch solide und unauffällig.
Auch was ihr sagt und wie ihr es sagt, spiegelt euch wieder.
Lasst schlechte Eigenschaften an euch nicht zu.
Ihr verspielt sonst euer Beliebtsein eines Tages.
Passt auf euch auf!

In Liebe
euer Gott

# 272
# Versprechen

**Botschaft von Gott**

Ja, ich bin da.

Wer sein Versprechen einhält, braucht nicht mit einem schlechten Gewissen zu leben. Es ist doch klar, dass ihr Menschen nicht alle gleich seid und ich habe schon in einer anderen Botschaft geschrieben, dass ihr wie Feuer oder Wasser seid.
Diese Unterschiede machen sich ganz stark bemerkbar in eurem Bewusstsein. Beweist euch und anderen Menschen sowie auch mir, wo ihr im Leben steht und wo ihr hin wollt.
Gebt keine leeren Versprechen ab.
In der Erziehung eurer Kinder zeigt und lebt ihr ihnen vor, wie gut oder schlecht gehandelt wird.
Zeigt euch von der positiven Seite und bewahrt eure Kinder vor Ausreden. Euer Leben wird so, wie ihr es euch gestaltet.
Manchmal läuft vieles daneben, trotz gutem Bewusstsein.
Vergesst dabei nicht, die negativen Seiten eurer Mitmenschen.
Sie können euer Leben schlecht beeinflussen und ihr lauft Gefahr, einen falschen Weg zu gehen.
Nehmt die Menschen ernst und lasst euch keine Lügen versprechen. Eine Lüge kann schon zu viel sein.
Passt auf euch auf!

In Liebe
euer Gott

# 273
# Luft

**Botschaft von Gott**

Ja, ich bin da.

Du bist für mich nur Luft und so was von egal.
Diesen Ausspruch gibt es unter euch Menschen.
Das war aber, wie so oft von euch, sehr oberflächlich und unklug ausgesprochen. Die Wahrheit ist anders.
Ohne Luft könntet ihr Menschen nicht leben. Sie ist euer Sauerstoff im Körper und Geist. Seid euch dessen bewusst.
Warum redet ihr Menschen so oft geistlose Sätze daher, ihr kennt nicht die Bedeutung! Eines steht fest, ohne Luft gäbe es kein Leben auf der Erde.
Viel ist schon passiert, wo die Luft zur Neige ging, wie in Flugzeugen. Dann müssen sich die Menschen Sauerstoffmasken anlegen, eine beängstigende Situation.
Frische Luft ist sehr gesund, darum denkt daran, eure Wohnung viel zu lüften, denn ihr verbraucht aus der Luft den Sauerstoff.
Viel spazieren gehen und die frische Luft tief einatmen, gibt Kraft. Lasst es nicht zu, dass auf der Erde die Luft sich zum Schlechten entwickelt. Ihr werdet davon krank.
Ich, euer Gott, mag die vielen Autoabgase nicht, so wie Atome und gefährlichen Experimente.
Sie dienen der Erde nicht.
Lasst nicht alles zu, auch wenn es **Vorteile** verspricht!

In Liebe
euer Gott

# 274
# Barmherzig

**Botschaft von Gott**

Ja, ich bin da.

Für die Barmherzigkeit benötigt ihr Menschen ein großes Herz voller Liebe und Verständnis. Das Mitgefühl für einen Menschen lässt eure Handlung der Hilfe nicht aus der Sicht. Ihr Menschen, die ihr so barmherzig seid, werdet niemals einen Menschen quälen, demütigen, schlagen, treten oder gar töten. Eure Würde wird es niemals zulassen, dass so etwas geschieht. In dem Wort „Barmherzigkeit" stecken eure Taten. Ihr erbarmt euch mit eurem Herzen und helft Menschen in der Not. Ihr verhelft ihnen zur Flucht oder verschont sie vor dem Tod. Ich, euer Gott, habe euch liebe Menschen in mein Herz geschlossen. Ich weiß wovon ich schreibe!
Es gibt leider genug Unbarmherzigkeit auf der Welt. Menschen, die kleine Kinder, alte Frauen und Männer einfach so abschießen. Sie glauben, sie haben eine gute Tat vollbracht, dabei haben sie Menschen aus dem Hinterhalt das Leben genommen. Eine furchtbare Brutalität.
Ganze Familien wurden ausgerottet.
Wo soll das hinführen?
Ich, euer Gott, ermahne euch und erhebe meinen Arm als Wahrzeichen der Liebe.
Seid barmherzig!

In Liebe
euer Gott

## 275
## Gewalt

**Botschaft von Gott**

Ja, ich bin da.

Da die Gewalt auf der Erde zugenommen hat und ihr Menschen genug davon mitbekommt, fragt ihr euch genauso wie ich, wie soll das bloß weitergehen? Die Gewaltbereitschaft fängt schon im Kindesalter an. Ich kann euch nur warnen und meine Bitte an euch aussprechen in dieser Botschaft.
Hört auf! Warum das alles, es ist sinnlos. Ihr erreicht nur das Gegenteil. Macht keinem etwas vor, dann macht euch auch keiner etwas nach.
Kinder, die gewalttätig sind, können niemals mit Gewalt gebändigt werden. Die Eltern die das tun, sind sehr unreif und haben das Leben noch nicht begriffen.
Ihr Erwachsenen könnt euch nicht wie Kinder benehmen, dann handelt ihr gleich. Das geht nicht.
Sucht ein gutes Gespräch mit dem Kind und zeigt ein vernünftiges Verhalten. Ihr könnt immer nur Vorbild sein.
Eines weiß ich genau, wenn ihr in der Liebe lebt, vergesst ihr die Gewalt. Die Liebe beschützt jeden Menschen, darum lernt sie lehrt sie und seid das Licht in der Dunkelheit.
Keine Gewalt unter den Menschen, sie macht euch blind.
Passt auf euch auf!

In Liebe
euer Gott

# 276
# Heuchelei

**<u>Botschaft von Gott</u>**

Ja, ich bin da.

Heucheleien sind an der Tagesordnung und ihr denkt euch nicht einmal etwas dabei. Einfach ein bisschen übertreiben oder etwas Nettes sagen, was sich gut anhört, aber niemals stimmt.
Manche Menschen unter euch haben ihre Freude daran und sind im guten Glauben, dass keiner das Gegenteil beweist. Solche dummen Heucheleien sind schon oftmals aufgeflogen, und dann war das Vertrauen zerstört.
Passt auf was ihr sagt, denn ihr habt eine Verantwortung für euch. Der Ruf könnte euch schaden, wenn es heißt: „Das ist der Heuchler, macht bloß einen großen Bogen um ihn!"

In Liebe
euer Gott

## 277
## Kummer

**Botschaft von Gott**

Ja, ich bin da.

Jeden Tag kann euch Menschen der Kummer überfallen.
Das Leben ist unberechenbar. Nehmt ihn an und macht das Beste daraus. Es bleibt euch gar nichts weiter übrig.
Das ist einfach eine Notwendigkeit, um euch persönlich zu retten.
Helft überall wo ihr könnt, aber vergesst nie euren Gott.
Ruft mich und betet.
Vielen Menschen habe ich schon geholfen.
Habt einen festen Glauben!

In Liebe
euer Gott

# 278
# Leiden

**Botschaft von Gott**

Ja, ich bin da.

Wenn ihr Menschen leidet, dann habt ihr auch einen Grund.
Leiden können sehr vielseitig sein, von Schmerzen, Kummer, Sorgen, Not und Verluste geprägt. Wie schwer euer Leiden auch sein mag, es ist eine Tatsache, dass es euch sehr runterreißen und schlaflose Nächte bereiten kann.
Ihr wälzt euch im Bett hin und her und sucht nach Auswegen.
Eure Seele ist angespannt und könnte verzweifeln.
Ihr sagt euch, das Leben ist hart und begebt euch immer tiefer in eine Grube. Ich, euer Gott, kenne euer Verhalten.
Trotzdem ist jeder Mensch von euch anders stark.
Jeder kämpft anders und hat einen starken Willen, da wieder rauszukommen.
Lasst euch nicht gehen, das geht einfach nicht.
Ich liebe Menschen, die kämpfen können und sich nicht aufgeben. Sucht euch Rat und Hilfe.
Irgendwo ist die Liebe versteckt, sie wartet schon auf euch.
Sie wird euer Glück sein.
Eure eigene Liebe vergesst bitte nicht, sie ist euer Schutzengel. Wenn die Zeit reif ist, sind die Leiden vergessen.
Mein Glaube an euch ist groß.
Kämpft und liebt!

In Liebe
euer Gott

# 279
# Leidenschaft

**Botschaft von Gott**

Ja, ich bin da.

Die Leidenschaft hat etwas mit eurem Temperament zu tun.
Da seid ihr Menschen so verschieden.
Jeder Mensch entwickelt eine andere Leidenschaft und zu anderen Aufgaben.
Der eine Mensch kann leidenschaftlich lieben, der andere zählt leidenschaftlich sein Geld.
Wieder ein anderer Mensch geht leidenschaftlich gerne in die Natur. Viele Menschen können auch leidenschaftlich essen.
Es sind den Leidenschaften keine Grenzen gesetzt. Ihr Menschen habt alle Möglichkeiten. eure Leidenschaft auszuleben. Sie begeistert euch und macht euch Freude.
So manche Leidenschaft hat aber auch schon eine Menge Sorgen bereitet. Es darf nie der Übermut dazukommen.
Die zwei vertragen sich nämlich sehr schlecht.
Holt euch lieber den Verstand dazu, die beiden können Hand in Hand den richtigen Weg gehen.
Achtet immer euer Leben und das Leben eines anderen Menschen. Es ist eine Notwendigkeit für eure Leidenschaft.
Nutzt keinen Menschen für eure Leidenschaft aus.
Ich sage euch immer wieder: „Alles muss seine Grenzen haben, auch eure Leidenschaft."
Seid klug, denn Dummheit wird bestraft!

In Liebe
euer Gott

# 280
# Mitgefühl

**Botschaft von Gott**

Ja, ich bin da.

Wie viel Mitgefühl habt ihr Menschen überhaupt?
Seid ihr bereit Mitgefühl zu zeigen, oder geht ihr lieber den Weg des Egoisten?
Habt ihr schon mal die Tränen eines anderen Menschen getrocknet und versucht, in sein Herz zu schauen?
Habt ihr euch schon mal vorgestellt wie es ist, wenn ihr der andere Mensch sein würdet?
Wer keine Zeit hat für solche Gedanken, der braucht sich auch nicht zu wundern, wenn er eines Tages zeigt, wer er ist.
Jeden Tag passieren auf der Welt furchtbare Taten, die niemals zu sein brauchten, wenn das Mitgefühl im Herzen Platz hätte.
Warum lasst ihr Menschen euer Mitgefühl verkümmern?
Ihr handelt dadurch verantwortungslos und macht viele Menschen unglücklich.
Ich rufe euch ganz laut und deutlich zu:
„Liebe Menschen, lasst das Leben – LEBEN."
Kümmert euch um eure Seele und rettet sie.
Ihr werdet eines Tages bereuen und dann ist es alles zu spät.
Übergebt mir eure Seele und ich helfe euch!

In Liebe
euer Gott

## 281
## Moral

**Botschaft von Gott**

Ja, ich bin da.

Ich, euer Gott, werde jetzt für euch Menschen der Moralapostel sein, denn ich habe allen Grund dazu.
Ich fange mal im Schulalter an.
Schon lange bin ich dafür, dass Moral und Ethik als Schulfach eingeführt werden sollte.
Kinder müssen von klein auf lernen, wie sie sich verantwortungsbewusst verhalten sollen.
Sie müssen Gut und Böse auseinanderhalten.
In der heutigen Zeit haben es die Menschen sehr schwer, dieses zu tun.
Für böse Taten finden die Menschen eine Rechtfertigung und damit soll alles gut sein.
Habt ihr schon mal nachgedacht, dass das Leben von euch mit einer moralischen und ethischen Haltung, besser verläuft?
Dazu gehört nicht lügen, nicht töten, nicht neidisch sein, nicht zerstören, nicht ehebrechen, nicht schlagen, nicht vergewaltigen, nicht raffgierig sein, nicht faul sein, nicht verfressen und nicht rechthaberisch sein.
Vieles mehr gäbe es noch aufzuzählen.
Alles kluge Worte und wenn ihr sie einhaltet, auch kluge Taten!
Ich ermahne euch dazu, denn sie verbessern das Leben!

In Liebe
euer Gott

# 282
# Natur

**Botschaft von Gott**

Ja, ich bin da.

Die Natur beinhaltet alles, was auf der Erde zu finden ist.
Menschen, die sehr naturverbunden sind, wissen das.
Jeder Stein ist Natur und euer Leben gehört auch dazu.
Mit der Natur gut umzugehen, erfordert viel Rücksicht von euch Menschen. Ihr wollt alles modern und moderner haben, aber ihr dürft nicht vergessen, dass die Natur sehr empfindlich reagiert. Viele Nachteile baut ihr für neue Ideen auf.
Nur wenn sie so klug sind, dass es der Natur dient, dann handelt ihr mit einem guten Bewusstsein
Liebe Menschen, glaubt nicht, dass alles von allein besser wird und ich brauche hier oben nur auf einen Knopf zu drücken, um euch glücklich zu machen.
So geht das nicht.
Alles was ihr zerstört, müsst ihr wieder in Ordnung bringen.
Ich mische da nicht mit. Es gibt andere Aufgaben für mich.
Vergesst auch nicht, dass die Profitgier hier einen schlechten Beitrag leistet für die Umwelt.
Kämpft immer für die gute Sache, sie ist für euch Menschen euer Leben.
Passt auf euch auf!

In Liebe
euer Gott

## 283
## Prinzipien

**<u>Botschaft von Gott</u>**

Ja, ich bin da.

In eurem Leben, solltet ihr Menschen prinzipientreu sein.
Sie verhelfen euch zu einer guten Disziplin.
Ihr habt euch etwas vorgenommen und verfolgt das Ziel.
Es bringt euch immer ein Stückchen vorwärts.
Gute Prinzipien lassen euch wachsen.
Verliert sie nicht aus den Augen und seid immer bemüht,
sie nicht auf die lange Bank zu schieben.
Manchmal werden prinzipientreue Menschen als spießig
eingestuft. Übertreibt es bitte nicht, denn ihr setzt euch
unter Druck, was eurer Gesundheit schadet.
Ihr müsst bestimmt nicht jede Sportsendung sehen.
Es geht auch mal eine Familienfeier vor.
Euer Prinzip sollte lauten: „Nichts auf Kosten meiner Familie
und meiner Gesundheit!"

In Liebe
euer Gott

# 284
# Profit

**<u>Botschaft von Gott</u>**

Ja, ich bin da.

Dieser Profit, der macht euch Menschen krank und gierig.
Ihr bekommt nicht genug und ihr könnt über Leichen gehen.
Euer Bewusstsein konzentriert sich nur noch darauf.
Macht euch nicht unglücklich, denn Gottes Wege sind unergründlich.
Ich habe schon genug Reiche gesehen, die im Gefängnis gelandet sind.
Darum bleibt auf dem Boden und seid dankbar für jeden Tag, den ihr nicht hungern müsst!

In Liebe
euer Gott

## 285
## Schuldgefühle

**Botschaft von Gott**

Ja, ich bin da.

Das ist schon eine große Last, wenn ihr mit Schuldgefühlen leben müsst.
Sie haben sich in euer Leben geschlichen und ihr habt es nicht einmal bemerkt.
Wann ihr je verantwortungslos gehandelt habt, ist egal.
Wenn die Schuld auf euch lastet, wird sie mit dem Alter immer größer werden, weil ihr Menschen erst nach und nach begreift, dass ihr euch schuldig gemacht habt.
Darum liebe Menschen, macht euch das Leben nicht zur Qual.
Handelt immer im guten Bewusstsein und denkt nicht negativ.
Versucht immer beide Seiten im Leben zu sehen.
Ihr werdet damit besser leben können.
Vergebt euch und vergebt der Seele, die in euren Augen schlecht gehandelt hat.
Es ist eine Lüge, wenn ihr glaubt, ihr macht alles richtig.
Dafür seid ihr Menschen auf der Erde noch zu unreif.
Mit jeder guten Tat werdet ihr reifer und begreift das Leben besser.
Achtet auf euch!
Es ist dringend notwendig!

In Liebe
euer Gott

# 286
## Seele

**Botschaft von Gott**

Ja, ich bin da.

Der Sternenhimmel ist groß und weit und hat viele funkelnde Sterne.
So ähnlich könnt ihr euch eure Seele vorstellen.
Die Seele in euch hat schon viele 1000 Abenteuer hinter sich und sie hat sie alle in ihrem Unterbewusstsein gespeichert.
Die vielen Leben, die ihr schon gelebt habt und wie weit sich eure Seele immer weiter entwickeln durfte, durch positives Verhalten, ist ein Phänomen.
Eure Seele bleibt euch immer treu, bis zum Lebensende.
Sie wird aus eurem toten Körper entweichen und ins Paradies einziehen. Dadurch sind eure Taten und Gedanken sowie Gefühle nie verloren.
Bis die Seele wieder in einen anderen Körper geht und auf Erden ihre Erfahrung macht.
Keiner kann sich an sein letztes Leben erinnern.
Aber fragt mal Kinder aus, bis zum 5. Lebensjahr, sie haben das Bewusstsein der Seele vom letzten Leben noch offen.
Sie erzählen davon. Bei den erwachsenen Menschen müsste eine Rückführung durchgeführt werden. Wer das machen lässt, erfährt sehr viel aus seinem letzten Leben.
Jedenfalls ist alles sehr interessant und ihr seht das Leben mit anderen Augen.
Versuch macht klug!

In Liebe
euer Gott

## 287
## Universum

**Botschaft von Gott**

Ja, ich bin da.

Ihr Menschen werdet es nicht glauben wollen, aber es ist so gewesen.
Ich, euer Gott, habe das Universum durch eine Formel entstehen lassen. Es war eine komplizierte Aufgabe.
Ich habe viel nachdenken müssen.
Es gab nur mich und viel Luft und Wasser.
Ich selbst habe als Luft existiert und bin überall hingeflogen.
Es gab keine festen Körper.
Ich wollte aus diesem Nichts etwas formen.
Die Formel habe ich mit der Luft geschrieben, sie stand im Raum. Diese Formal hat sich wie eine Zauberformel verändert. Um mich herum entstand das Universum.
Darum liegt immer noch Zauberkraft im Universum.
Jeder könnte damit arbeiten. Alles kann geschehen.
Ich habe hier riesige Einrichtungen mit komplizierten Geräten. Kann auf die ganze Welt schauen.
Es gibt Menschen, mit denen ich verbunden bin, wenn sie mich rufen.
Es ist immer der Mensch, der diesen Draht entwickelt.
Manchmal über Jahre.
Ihr müsst wissen, alles entwickelt sich weiter nur durch positive Energie. Alles Negative ist tötend, auch für mich.
Darum betet und glaubt an mich.
Ich bin da, wenn ich es möchte!

In Liebe
euer Gott

## 288
## Verachtung

**Botschaft von Gott**

Ja, ich bin da.

Mit der Verachtung solltet ihr Menschen es nicht übertreiben.
Sehr viel Ungerechtigkeit ist aus dem Grunde schon passiert.
Wenn ihr erst einmal damit angefangen habt, dann ist der Mensch, auf den ihr es abgesehen habt, in großer Gefahr.
Ihr hört alle nicht vorher auf, bevor ihr nicht mit euren Köpfen Unheil angerichtet habt.
Da haben Menschen ihren Posten räumen müssen, wegen eurer Verachtung, die ins Grenzenlose ging.
Immer nur drauf, war das Motto.
Der Mensch ist fast zerbrochen daran.
Irgendwann, stellte sich heraus, dass alles nicht so schlimm war. Aber es war trotzdem zu spät.
Warum seid ihr so von Sinnen?
Was habt ihr Menschen davon?
Wollt ihr nicht mal klüger werden?
Manchmal lauft ihr wie blinde Hühner herum, habt keinen Verstand und keinen Blickwinkel für das Wesentliche.
Eure Verachtung hat nichts mit Menschlichkeit zu tun.
Ich, euer Gott, sage immer wieder: „ Nur mit positiven Gedanken rettet ihr die Menschheit und die Erde und zuletzt auch mich!"
Ich bitte um Gnade für jeden Menschen auf der Erde.
BITTE !!!

In Liebe
euer Gott

# 289
# Verantwortung

**Botschaft von Gott**

Ja, ich bin da.

An die Verantwortung solltet ihr Menschen hohe Maßstäbe setzen. Es geht nicht, dass ihr euch alles erlauben könnt und euch dann vor der Verantwortung drückt.
So ein Charakterzug ist oberflächlich und gleichgültig.
Ihr habt grundsätzlich immer eine Verantwortung zu tragen, für euer Tun und Handeln.
Geht nicht leichtfertig mit den Menschen um als hättet ihr kein Gewissen. Ich werde euch hier bei mir zur Verantwortung ziehen und euch beweisen, dass eure Seele noch viel lernen muss.
Im nächsten Leben habt ihr viel aufzuarbeiten und gutzumachen. Darum, liebe Menschen, ihr seid für euer nächstes Leben jetzt schon verantwortlich.
Bedenkt das genau und lebt im Bewusstsein und in meinem Namen.
Ich, euer Gott, möchte auf euch stolz sein und mich über gute Taten freuen können.
Nehmt das Leben an und lebt jeden Tag in der Verantwortung, auch für euch.
Es ist ganz wichtig, dass ihr erkennt, dass der gute Weg euch nicht ins Verderben führt. Ihr lebt jetzt schon für das nächste Leben.
Es wird euch gefallen, wenn ihr auf mich hört!

In Liebe
euer Gott

# 290
# Verpflichtung

**<u>Botschaft von Gott</u>**

Ja, ich bin da.

Wenn ihr Menschen eine Verpflichtung eingeht, müsst ihr sie auch ernst nehmen.
Warum verpflichtet ihr euch zu etwas?
Manchmal ist es notwendig, weil die Verpflichtung abhängig ist von Gegebenheiten.
Ihr müsst vor Gericht einen Eid ablegen und damit bezeugen, dass ihr die Wahrheit gesagt habt.
Wenn ihr Menschen im Monat euren Lohn bekommt,
dann verpflichtet ihr euch, dafür zu arbeiten.
Das ist eine einfache Sache und sie ist notwendig.
Haltet eure Verpflichtungen immer ein, denn sie spiegeln euren Charakter wieder.
Erniedrigt euch nicht selbst, zeigt klare Linien auf!

In Liebe
euer Gott

## 291
## Versagen

**Botschaft von Gott**

Ja, ich bin da.

Ein Versager zu sein, stellt euch auf keinen Thron, weil ihr dafür keine Auszeichnung bekommen könnt.
Habt ihr einmal im Leben versagt, aus welchem Grund auch immer, dann gebt nicht auf.
Fangt wieder von vorne an und beweist euch, dass ihr nicht zum Aufgeben geboren seid.
Vieles im Leben, lässt sich korrigieren.
Ihr seid stark und habt einen Willen der euch leitet.
Gebt nie auf als Versager!
Nur Mut, alles wird gut!

In Liebe
euer Gott

## 292
## Weltfrieden

**Botschaft von Gott**

Ja, ich bin da.

Was für ein tolles Wort, ich bin begeistert.
Könnt ihr Menschen es euch vorstellen?
Frieden auf der ganzen Welt.
Diese Errungenschaft ließe ein ganz anderes Bild von der Erde entstehen.
Frieden! Liebe! Zuneigung und Verständnis!
Ohne diese Eigenschaften wird es noch nicht gehen.
Wie wollt ihr Menschen dahin kommen?
Es gibt eine ganz klare Botschaft dafür.
Befolgt meine Gesetze und lasst das Geld Geld sein.
Lasst euch etwas anderes einfallen.
Das Geld regiert eure Welt und damit euren Kopf und Verstand.
Wie soll da bloß die Liebe gewinnen? Fragt euch das mal.
Eines ist klar, die Politik muss auf der ganzen Welt zusammenarbeiten. Es dürfen keine Außenseiter zugelassen werden. Alleingänge sind immer gefährlich.
Ich, euer Gott, möchte mit euch die Welt verbessern.
An allen Ecken braucht ihr den Frieden.
Passt auf, bevor es zu spät ist!
Alles Negative muss verschwinden, anders wird das nichts.
Denkt an meine Worte

In Liebe
euer Gott

## 293
## Wort

**Botschaft von Gott**

Ja, ich bin da.

Liebe Menschen, ihr wisst: MEIN WORT IST WAHR!
Es ist einzigartig und besonders.
Ich habe es mit vielen anderen Worten für euch auf die Erde gesandt und erwarte natürlich von euch euren Glauben.
Leider geht von Generation zu Generation ein Wort nach dem anderen verloren. Euer Glaube an mich ist einfach in versteckten Winkeln und wird dort nichts weiter als nach Hilfe rufen. Holt euch bitte diesen Glauben und mein Wort zurück. Ich bin da, immer.
Ihr könnt mich nicht sehen, nicht anfassen, nicht hören.
Aber trotzdem zeige ich mich sehr oft. Habt ein Gespür dafür.
Entwickelt für mich eine besondere Liebe und Zuwendung.
Vielen Menschen habe ich schon geholfen.
Nicht immer sofort, aber ihre Liebe führt mich zu ihnen.
Ich bin die Kraft im Universum.
Ich liebe euch Menschen und wünsche mir euer Wort.
Ich möchte hören:
„Lieber Gott, wir glauben an dich, du bist unsere Hoffnung!"
Danke!

In Liebe
euer Gott

# 294
## Wünsche

**Botschaft von Gott**

Ja, ich bin da.

Wünsche gibt es 1000fach und sie sind so geheimnisvoll wie euer Leben. Ihr wisst nicht, ob sich euer Wunsch erfüllt, aber ihr träumt davon.
Das ist immer der 1. Schritt zur Erfüllung.
Der 2. Schritt ist euer Wille und natürlich euer Fleiß.
Der 3. Schritt ist die Verwirklichung, da entscheidet sich euer Glaube. Wenn ihr nämlich ganz fest an euren Wunsch glaubt, dann wird die positive Energie ins Universum weitergegeben und alles wird sich für euch auch positiv auswirken.
Ich will auch damit sagen, der Glaube versetzt Berge.
Lasst keine negative Energie für euren Wunsch mit fließen.
Sie könnte euch an euer Glück hindern.
Das Universum ist sehr empfindlich und reagiert auf jeden Gedanken und auf jedes Wort. Darum positiv, positiv, positiv denken, es sollte euer Leitfaden sein für ein erfülltes Leben!
Eines ist klar, ihr lernt dazu, wenn ihr erst mal den Erfolg eures Wunsches erlebt!

In Liebe
euer Gott

# 295
# Zerstörung

**Botschaft von Gott**

Ja, ich bin da.

Alles, was ihr Menschen aufgebaut habt, ist eure Leistung.
Alles, was ihr zerstört, ist auch eure Leistung.
Ihr wart schon sehr fleißig und habt im Schweiße eures Angesichts traumhaft Gebäude gebaut. Alles entwickelte sich wie ein Traum von Schönheit. Eure Ideen waren von Leidenschaft geprägt und man könnte glauben, ihr baut das Paradies auf. Alles stimmte und alles war perfekt.
Nun muss es nur noch erhalten bleiben für viele Generationen.
Ob ihr das schafft, hängt von eurer Liebe in eurem Herzen ab.
Lasst bitte alles, was zur Zerstörung beitragen könnte, nicht wachsen und gedeihen.
Alles Schlechte, sollte im Keim erstickt werden.
Zerstörungswütige Mächte sind gefährlich und können überall auf der Lauer liegen.
Höchste Vorsicht ist geboten und die Augen sollten überall acht geben. An jeder Ecke könnte die Zerstörung warten.
Ich schicke meine Boten auf die Erde, sie passen auf und verhindern Unglück, wenn sie gerade dort sind!

In Liebe
euer Gott

# 296
# Verstoßen

**Botschaft von Gott**

Ja, ich bin da.

Welcher Mensch ist das denn, der in meinem Namen auf der Erde lebt und Unheil anrichtet.
Wer bewusst einen kranken Menschen schlecht und von oben herab behandelt, das heißt er mag ihn nicht um sich haben, ist kein guter Mensch.
Eigene Mütter und Väter, verstoßen ihr behindertes Kind.
Sie beachten es kaum und geben keine Liebe weiter.
Leider ist das auch bei Tiereltern der Fall. Wenn diese Lebewesen merken, sie können mit dem kranken Kind wenig oder nichts anfangen, dann lassen sie es links liegen.
Grausamer geht es nicht. Diese verstoßenen Lebewesen, müssen aus eigener Kraft, wenn sie es schaffen, sich ihre Welt aufbauen. Zum Glück gibt es auch gute Eltern, die sich besonders mit viel Liebe um ihr Kind kümmern.
Alle Hochachtung! So sollte es sein.
Die Liebe ist die größte Kraft und Hilfe.
Liebe Menschen bleibt euch treu und denkt daran, euer Leben kann von heute auf morgen auch eine Wende nehmen.
Ihr braucht nur einen Unfall zu haben.
Möchtet ihr dann ohne Liebe weiterleben?
Verstoßt keine Lebewesen!

In Liebe
euer Gott

## 297
## Fallenlassen

**Botschaft von Gott**

Ja, ich bin da.

Auch wenn sich das jetzt nicht gut anhört, aber es gibt unmögliche Bedingungen, in denen ihr etwas fallen lassen müsst.
Alles im Leben geht auch mit viel Kampf nicht mehr.
Selbst die Liebe bringt keine Hoffnung, wenn ihr in Gefahr seid. Um euer eigenes Leben zu schützen, müsst ihr Opfer bringen, ob ihr wollt oder nicht.
Ihr könnt nicht mit einem grausamen Partner leben, der euch körperlich oder seelisch zerstört.
Nur das „Fallenlassen" ist eure Rettung, manchmal in letzter Not.
Betet für den Sündigen, um seine Seele zu retten.
Er braucht Hilfe!

In Liebe
euer Gott

## 298
## Oberflächlich

**<u>Botschaft von Gott</u>**

Ja, ich bin da.

Oberflächlichkeit bringt nichts Vernünftiges zu Stande.
Alles ist nur halber Kram.
Habt ihr keine Zeit, etwas ordentlich oder vernünftig zu machen?
Warum ist das so?
Ist euch vieles so unwichtig und was ist euch wichtig?
Alles was ihr anfangt, sollte euch wichtig sein.
Wollt ihr euch den Ast absägen, auf dem ihr drauf sitzt?
Passt besser auf!
Strafe folgt manchmal auf dem Fuß!

In Liebe
euer Gott

## 299
## Rache

**Botschaft von Gott**

Ja, ich bin da.

Du rächst dich, er rächt sich, sie rächt sich, alle rächen sich.
Mit so viel Unvernunft wollt ihr auf einen grünen Zweig
kommen? Ihr werdet abrutschen und euch die Knochen
brechen. Rache ist zwar süß in eurem Wortschatz, aber das sie
auch bitter sein kann, dass wird nicht erwähnt.
Versucht euch mal, bei einem Menschen zu rächen.
Glaubt ihr etwa, ihr bleibt ungeschoren?
Wenn die Rache sehr über das Maß hinausgeht, dann könnt
ihr vor einem Gericht landen. Was habt ihr also davon?
Überlegt euch keine Rache, sondern seid immer bereit zu
einem Dialog. Ich, euer Gott, kenne diese furchtbaren Rachen.
Sie können grenzenlos sein und über das Ziel hinausschießen.
Was der Mensch sich alles einfallen lässt, da geht der Verstand
baden. Denkt an die Würde, an eure Würde, lasst sie nicht
verloren gehen wegen der Rache. Ihr könntet es bereuen.
Seid Engel auf Erden, dann könnt ihr verzeihen.
Anders geht gar nichts.
Die Zeit läuft, handelt nach meinen Gesetzen!

In Liebe
euer Gott

# 300
# Aufräumen

**Botschaft von Gott**

Ja, ich bin da.

Das Aufräumen erfordert immer von euch Arbeit.
Vielleicht habt ihr lange nichts gemacht und alles gedankenlos irgendwohin gelegt. Auch habt ihr zu viel Kram liegen, den ihr nicht mehr braucht. Trennt euch davon und schafft euch Luft. Ihr werdet schon merken, wie ihr wieder besser durchatmen könnt. Räumt auch mal zwischendurch in eurem Kopf auf. Lasst neue Ideen rein und nehmt die Vergangenheit nicht mehr zu ernst. Sie war einmal und kommt nie wieder. Immer ist das Jetzt und Heute und die Zukunft wichtig.
Liebe Menschen, ich schreibe euch das, weil zu viele von euch zum Psychiater laufen. Da wird wegen der Vergangenheit geweint und gejammert. Fort damit, da kann keiner mehr helfen. Warum freut ihr euch nicht auf den morgigen Tag.
Er bringt neue Kraft und neue Ideen. Alles andere ist alter Ballast. Schöne Erinnerungen, lasst im Kopf und holt sie ab und zu mal raus zur Freude. Alles Schlechte solltet ihr verwerfen, das ist das einzig Vernünftige.
Ein Licht wird für euch leuchten, dann ist der Kopf wieder frei für euch!

In Liebe
euer Gott

# Inhaltsverzeichnis von A-Z
### Botschaften-Nr. 201-300

| | | | |
|---|---|---|---|
| Applaus | 250 | Geldgier | 243 |
| Arbeiten | 214 | Gewalt | 275 |
| Aufräumen | 300 | Gift | 269 |
| Ausbeutung | 210 | Gleichgültigkeit | 241 |
| Autorität | 209 | Glockenklang | 258 |
| Barmherzig | 274 | Gutgläubig | 236 |
| Bedrohungen | 208 | Harmonie | 265 |
| Begehren | 203 | Heuchelei | 276 |
| Benehmen | 224 | Hitze | 259 |
| Bequemlichkeit | 240 | Hunger | 238 |
| Beschützen | 242 | Kälte | 260 |
| Besinnung | 218 | Kinderbetreuung | 231 |
| Bewusstsein | 230 | Krankenhaus | 216 |
| Bissig | 237 | Kummer | 277 |
| Blumenpracht | 266 | Langeweile | 219 |
| Boshaft | 227 | Leiden | 278 |
| Diskutieren | 205 | Leidenschaft | 279 |
| Durst | 239 | Leuchten | 257 |
| Egoist | 247 | Lieblich | 233 |
| Ehe | 248 | Luft | 273 |
| Eingebildet | 202 | Macht | 262 |
| Erbarmen | 251 | Magie | 261 |
| Erfahrung | 252 | Märchenbuch | 228 |
| Erfolg | 253 | Mitgefühl | 280 |
| Erpressung | 212 | Modenschau | 217 |
| Fallenlassen | 297 | Moral | 281 |
| Fallenlassen | 297 | Müde | 255 |
| Freundlichkeit | 223 | Natur | 282 |
| Gedankenlesen | 271 | Oberflächlich | 298 |
| Gedankenlos | 270 | Ohnmacht | 263 |
| Gedichte | 226 | Plaudern | 206 |
| Gehorsam | 254 | Prinzipien | 283 |

| | | | |
|---|---|---|---|
| Profit | 284 | Zorn | 225 |
| Pünktlichkeit | 264 | Zuschauer | 249 |
| Rache | 299 | | |
| Schlaf | 213 | | |
| Schuldgefühle | 285 | | |
| Seele | 286 | | |
| Seelsorge | 232 | | |
| Segen | 221 | | |
| Sehnsucht | 229 | | |
| Todesstrafe | 246 | | |
| Trauma | 201 | | |
| Trotzig | 207 | | |
| Ungehorsam | 235 | | |
| Universum | 287 | | |
| Urlaub | 220 | | |
| Ursache | 267 | | |
| Verachtung | 288 | | |
| Verantwortung | 289 | | |
| Verdienst | 215 | | |
| Verfolgung | 256 | | |
| Verkleiden | 244 | | |
| Verpflichtung | 290 | | |
| Versagen | 291 | | |
| Versprechen | 272 | | |
| Verständnisvoll | 234 | | |
| Verstoßen | 296 | | |
| Verteidigung | 211 | | |
| Vorbild | 222 | | |
| Vorlesen | 204 | | |
| Weltfrieden | 292 | | |
| Wiedergeburt | 245 | | |
| Wirkung | 268 | | |
| Wort | 293 | | |
| Wünsche | 294 | | |
| Zerstörung | 295 | | |

## **Erklärung**

Ich setze mich hin, mit dem Kugelschreiber in der Hand und rufe Gott. Dann frage ich ihn, ob er bereit ist, mit mir zu schreiben. Wenn Gott schreibt, „Ja ich bin da", stelle ich Fragen und Gott antwortet mir. Ich schalte meine Gedanken ab und konzentriere mich nur auf das Schreiben mit Gott. Er schreibt sehr schnell, so schnell, kann kein Mensch denken, jedenfalls ich nicht. Er schreibt und schreibt, eine DIN A4 Seite mit mir, ohne dass ich mir ein Wort überlegen müsste. Danach lese ich mir den Text durch und kann alles selber kaum glauben. Ein Wunder ist wieder geschehen. Ich habe viel darüber nachgedacht, wie das alles möglich ist. Gott schreibt mir, ich wurde von ihm ausgesucht.

Monika Beyersdorf-Morig

## **Biographie**

Ich erblickte am 11. Juli 1948 in Feldberg (Mecklenburg-Vorpommern) das Licht der Welt.
1968 schloss ich eine kaufmännische Lehre ab.
1978 arbeitete ich als Erzieherin im Kinderkurheim und nahm an einer Ausbildung in Pädagogik und Psychologie teil. In der Zeit von 1969 – 1977 bekam ich drei Kinder. Meine Familie war mir immer sehr wichtig. Malerei, Gedichte schreiben und Handarbeiten waren meine Hobbys. Ab 2008 pflegte ich mit meinem Ehemann Gerd Morig liebevoll meine Mutter, bis zu ihrem Tode im Juni 2012. Danach nahm ich Kontakt zu meiner verstorbenen Mutter auf, den ich bis in die heutige Zeit pflege. An Gott habe ich mein Leben lang geglaubt und in schweren Stunden um Hilfe gebeten und auch bekommen. Gott schreibt mit mir seit Februar 2015.
**Wer nur an das glaubt, was er sehen und anfassen kann, wird nie die Wunder des Universums erleben.**
Es gibt noch unendlich viel Verborgenes zu erforschen!

Monika Beyersdorf-Morig

Erscheinungsdatum April 2016    Erscheinungsdatum Mai 2016

+

**Alle Ausgaben erscheinen auch als eBook!**

Erscheinungsdatum Juni 2016    Erscheinungsdatum Juli 2016